俄/语/系/列/图/书

俄罗斯国情

ELUOSI GUOQING

王利众　刘春梅　牧阿珍　编著

哈尔滨工业大学出版社
HARBIN INSTITUTE OF TECHNOLOGY PRESS

图书在版编目(CIP)数据

俄罗斯国情/王利众,刘春梅,牧阿珍编著. —哈尔滨:哈尔滨工业大学出版社,2023.9(2025.3 重印)
ISBN 978-7-5767-1041-0

Ⅰ.①俄… Ⅱ.①王…②刘…③牧… Ⅲ.①俄语－高等学校－教材②俄罗斯－概况 Ⅳ.①H359.39:K

中国国家版本馆 CIP 数据核字(2023)第 174128 号

策划编辑	甄淼淼
责任编辑	王　雪
封面设计	刘长友
出版发行	哈尔滨工业大学出版社
社　　址	哈尔滨市南岗区复华四道街 10 号　邮编 150006
传　　真	0451－86414749
网　　址	http://hitpress.hit.edu.cn
印　　刷	哈尔滨久利印刷有限公司
开　　本	787mm×960mm　1/16　印张 8　字数 156 千字
版　　次	2023 年 9 月第 1 版　2025 年 3 月第 2 次印刷
书　　号	ISBN 978－7－5767－1041－0
定　　价	38.80 元

(如因印装质量问题影响阅读,我社负责调换)

前言

俄罗斯国情是高校俄语专业学生在本科学习阶段不可或缺的学习内容，其不仅可以完善俄语专业学生的知识结构，更对俄语专业学生将来从事翻译工作大有帮助。除此以外，在高校各类全国性竞赛（如全国高校俄语大赛）和考试（如全国高校俄语专业四级和八级考试）中俄罗斯国情知识也占较大的比例，但这些知识分散在不同年级的不同课程之中，所以学生掌握起来有一定的难度。正是在这种情况下，作者在哈尔滨工业大学讲授俄罗斯国情及俄罗斯艺术赏析课程、指导全国高校俄语大赛与全国高校俄语专业四级和八级考试实践的基础上，根据全国高等学校外语专业教学指导委员会俄语专业教学指导分委员会编写的《高等学校俄语专业教学大纲》，并结合俄罗斯国情最新变化①编撰了本书。本书包括六个部分：俄罗斯现状、俄罗斯地理、俄罗斯历史、俄罗斯文学、俄罗斯绘画和俄罗斯音乐。

本书言简意赅，既可以使知识系统化，又不过分追究细节。本书可以作为俄语专业低年级俄罗斯国情课教材使用，同时也是学生参加全国高校俄语专业四级和八级考试较全面的俄罗斯综合知识资料。

本书由王利众负责总体策划及统稿。其中，第一章和第二章由刘春梅编撰，第三章和第四章（部分）由王利众编撰，第四章（部分）、第五章和第六章由牧阿珍编撰。本书在编撰过程中得到了俄罗斯萨拉托夫车尔尼雪夫斯基国立大学（Саратовский национальный исследовательский государственный университет имени Н. Г. Чернышевского）塔季扬娜·阿列克谢耶芙娜·米廖希娜（Татьяна Алексеевна Милехина）教授的大力支持，在此表示衷心感谢！

王利众
2023 年于俄罗斯乌里扬诺夫斯克国立技术大学

---

① 本书中如无特殊标注，数据均截至2022年底。

目 录

第一章 俄罗斯现状 //1
  一、俄罗斯国家名称 //1
  二、俄罗斯领土面积 //2
  三、俄罗斯区域划分 //2
  四、俄罗斯国徽、国旗、国歌 //15
  五、俄罗斯人口与民族 //16
  六、俄罗斯教育 //17
  七、俄罗斯科学技术 //21
  八、俄罗斯节日 //24
  九、俄语 //25

第二章 俄罗斯地理 //27
  一、俄罗斯地理位置 //27
  二、俄罗斯地形 //27
  三、俄罗斯气候 //29
  四、俄罗斯河流 //31
  五、俄罗斯湖泊 //33
  六、俄罗斯的海、岛屿、群岛和半岛 //34
  七、俄罗斯自然资源 //38
  八、俄罗斯交通 //41
  九、俄罗斯主要城市 //43

第三章　俄罗斯历史　//53
一、留里克王朝　//53
二、混乱时期　//60
三、罗曼诺夫王朝　//60

第四章　俄罗斯文学　//68
一、古代文学　//68
二、彼得大帝和叶卡捷琳娜二世时代文学　//71
三、黄金时代文学　//75
四、白银时代文学　//88
五、苏联时代文学　//91

第五章　俄罗斯绘画　//96
一、古罗斯时期的绘画　//96
二、18世纪的俄罗斯绘画　//97
三、19世纪的俄罗斯绘画　//98
四、20世纪的俄罗斯绘画　//108

第六章　俄罗斯音乐　//110
一、古罗斯时期的音乐　//110
二、18世纪的俄罗斯音乐　//110
三、19世纪的俄罗斯音乐　//111
四、19~20世纪之交的俄罗斯音乐　//117
五、20世纪的俄罗斯音乐　//117

参考文献　//120

第一章 俄罗斯现状

一、俄罗斯国家名称

俄罗斯经历了很多历史阶段,在不同时期曾使用过不同的国家名称,如基辅罗斯[①](Киевская Русь,9世纪~12世纪初)、诺夫哥罗德共和国(Новгородская республика,1136~1478)、莫斯科大公国[②](Великое княжество Московское,1263~1547)、沙皇俄国(Русское царство,1547~1721)、俄罗斯帝国(Российская империя,1721~1917)等。

1917年,十月革命胜利,建立世界上第一个社会主义国家,称俄罗斯苏维埃联邦社会主义共和国(Российская Советская Федеративная Социалистическая Республика,РСФСР)。1922年,苏维埃社会主义共和国联盟(Союз Советских Социалистических Республик,СССР,简称苏联)建立。

1991年12月,俄罗斯联邦(Российская Федерация,РФ)成为独立国家,简称俄罗斯(Россия)。

Росия(俄罗斯),现代俄语写作 Россия,与 Русь 同义,来源于拜占庭词汇,作为基里尔文字在俄语中最早出现于1387年4月24日,并于15世纪末开始广泛使用并沿用至今。

"俄罗斯"这一名称是中国人通过较早接触俄罗斯的蒙古人的语言翻译过来的。在蒙古语中很少有以辅音 R 开头的词汇,蒙古人在遇到这种情况时往往都要在前边加上相应的元音 O。因此,"罗斯"在蒙古语中便译为 OROS,第一个音节为 O。这也是中国古代史籍中称俄罗斯为"斡罗思"或"鄂罗斯"的原因。

俄罗斯是联合国安理会常任理事国。安理会常任理事国具有一票否决权。

---

① 基辅罗斯也称古罗斯(Древняя Русь)。
② 莫斯科大公国也称莫斯科罗斯(Московская Русь)。

二、俄罗斯领土面积

俄罗斯是世界上领土面积最大的国家,总面积为1 709.82万平方千米,其领土大部分位于北纬50°至70°之间,约1/5的领土在北极圈内。

俄罗斯位于欧亚大陆(Евразия)的北部,领土包括欧洲(Европа)的东部和亚洲(Азия)的北部。乌拉尔山脉(Уральские горы)作为欧洲和亚洲的分界线把俄罗斯一分为二,其中亚洲部分占其领土面积的3/4,欧洲部分占其领土面积的1/4。俄罗斯欧洲部分的领土约占欧洲总面积的2/5。

俄罗斯幅员辽阔,东西两端相差11个时区(часовой пояс)。

2011年3月27日,俄罗斯宣布将永久使用夏令时,取消冬令时,全俄各时区将时钟拨快1小时。当时莫斯科与北京的时差是4小时。

2014年10月26日,俄罗斯又宣布永久使用冬令时。莫斯科比北京时间晚5个小时。俄罗斯城市之间的时差见表1.1。

表1.1 俄罗斯城市之间的时差

序号	城市	与莫斯科时差	与北京时差
1	加里宁格勒(Калининград)	-1	+6
2	索契(Сочи)	+0	+5
3	萨马拉(Самара)	+1	+4
4	叶卡捷琳堡(Екатеринбург)	+2	+3
5	鄂木斯克(Омск)	+3	+2
6	新西伯利亚(Новосибирск)	+4	+1
7	伊尔库茨克(Иркутск)	+5	+0
8	布拉戈维申斯克(Благовещенск)	+6	-1
9	符拉迪沃斯托克(Владивосток)	+7	-2

三、俄罗斯区域划分

1. 联邦主体

俄罗斯的联邦主体(субъект)分为:共和国(республика)、边疆区(край)、州(область)、直辖市(город федерального значения)、自治州(автономная область)和自治区(автономный округ)。

俄罗斯原有联邦主体89个。2005年12月1日,彼尔姆州(Пермская область)和科米彼尔米亚自治区(Коми-Пермяцкий автономный округ)合并为彼尔姆边疆区(Пермский край)。2007年1月,埃文基自治区(Эвенкийский автономный округ)和泰梅尔自治区(Таймырский автономный округ)并入克拉斯诺亚尔斯克边疆区(Красноярский край)。同年6月,堪察加州(Камчатская область)和科里亚克自治区(Корякский автономный округ)合并为堪察加边疆区(Камчатский край)。2008年1月,乌斯季奥尔登斯基布里亚特自治区(Усть-Ордынский Бурятский автономный округ)并入伊尔库茨克州(Иркутская область)。2008年3月,赤塔州(Читинская область)和阿加布里亚特自治区(Агинский Бурятский автономный округ)合并为外贝加尔边疆区①(Забайкальский край)。2014年3月,克里米亚共和国(Республика Крым)和直辖市塞瓦斯托波尔(Севастополь)宣布加入俄罗斯。

目前,俄罗斯共有联邦主体85个,其中,22个共和国、9个边疆区、46个州、3个直辖市、1个自治州和4个自治区。

俄罗斯面积最大的联邦主体是萨哈共和国(Республика Caxa),俗称雅库特(Якутия)。面积最小的联邦主体是塞瓦斯托波尔市。俄罗斯联邦主体见表1.2。

表1.2 俄罗斯联邦主体

序号	联邦主体	行政中心
1	阿迪格共和国(Республика Адыгея)	迈科普(Майкоп)
2	阿尔泰共和国(Республика Алтай)	戈尔诺-阿尔泰斯克(Горно-Алтайск)
3	巴什科尔托斯坦共和国(Республика Башкортостан)	乌法(Уфа)
4	布里亚特共和国(Республика Бурятия)	乌兰乌德(Улан-Удэ)
5	达吉斯坦共和国(Республика Дагестан)	马哈奇卡拉(Махачкала)
6	印古什共和国(Республика Ингушетия)	马加斯(Магас)
7	卡巴尔达-巴尔卡尔共和国(Республика Кабардино-Балкария)	纳尔奇克(Нальчик)
8	卡尔梅克共和国(Республика Калмыкия)	埃利斯塔(Элиста)

---

① 也有译为"后贝加尔边疆区"。

续表 1.2

序号	联邦主体	行政中心
9	卡拉恰伊-切尔克斯共和国（Республика Карачаево-Черкесия）	切尔克斯克（Черкесск）
10	卡累利阿共和国（Республика Карелия）	彼得罗扎沃茨克（Петрозаводск）
11	科米共和国（Республика Коми）	瑟克特夫卡尔（Сыктывкар）
12	克里米亚共和国（Республика Крым）	辛菲罗波尔（Симферополь）
13	马里埃尔共和国（Республика Марий Эл）	约什卡尔奥拉（Йошкар-Ола）
14	莫尔多瓦共和国（Республика Мордовия）	萨兰斯克（Саранск）
15	萨哈共和国/雅库特（Республика Саха/Якутия）	雅库茨克（Якутск）
16	北奥塞梯共和国（Республика Северная Осетия）	弗拉季高加索（Владикавказ）
17	鞑靼斯坦共和国（Республика Татарстан）	喀山（Казань）
18	图瓦共和国（Республика Тыва）	克孜勒（Кызыл）
19	乌德穆尔特共和国（Республика Удмуртия）	伊热夫斯克（Ижевск）
20	哈卡斯共和国（Республика Хакасия）	阿巴坎（Абакан）
21	车臣共和国（Республика Чечня）	格罗兹尼（Грозный）
22	楚瓦什共和国（Республика Чувашия）	切博克萨雷（Чебоксары）
23	阿尔泰边疆区（Алтайский край）	巴尔瑙尔（Барнаул）
24	外贝加尔边疆区（Забайкальский край）	赤塔（Чита）
25	堪察加边疆区（Камчатский край）	堪察加彼得罗巴甫洛夫斯克（Петропавловск-Камчатский）
26	克拉斯诺达尔边疆区（Краснодарский край）	克拉斯诺达尔（Краснодар）
27	克拉斯诺亚尔斯克边疆区（Красноярский край）	克拉斯诺亚尔斯克（Красноярск）
28	彼尔姆边疆区（Пермский край）	彼尔姆（Пермь）
29	滨海边疆区（Приморский край）	符拉迪沃斯托克（Владивосток）
30	斯塔夫罗波尔边疆区（Ставропольский край）	斯塔夫罗波尔（Ставрополь）

续表1.2

序号	联邦主体	行政中心
31	哈巴罗夫斯克边疆区(Хабаровский край)	哈巴罗夫斯克(Хабаровск)
32	阿穆尔州(Амурская область)	布拉戈维申斯克(Благовещенск)
33	阿尔汉格尔斯克州(Архангельская область)	阿尔汉格尔斯克(Архангельск)
34	阿斯特拉罕州(Астраханская область)	阿斯特拉罕(Астрахань)
35	别尔哥罗德州(Белгородская область)	别尔哥罗德(Белгород)
36	布良斯克州(Брянская область)	布良斯克(Брянск)
37	弗拉基米尔州(Владимирская область)	弗拉基米尔(Владимир)
38	伏尔加格勒州(Волгоградская область)	伏尔加格勒(Волгоград)
39	沃洛格达州(Вологодская область)	沃洛格达(Вологда)
40	沃罗涅日州(Воронежская область)	沃罗涅日(Воронеж)
41	伊万诺沃州(Ивановская область)	伊万诺沃(Иваново)
42	伊尔库茨克州(Иркутская область)	伊尔库茨克(Иркутск)
43	加里宁格勒州(Калининградская область)	加里宁格勒(Калининград)
44	卢卡加州(Калужская область)	卡卢加(Калуга)
45	克麦罗沃州(Кемеровская область)	克麦罗沃(Кемерово)
46	基洛夫州(Кировская область)	基洛夫(Киров)
47	科斯特罗马州(Костромская область)	科斯特罗马(Кострома)
48	库尔干州(Курганская область)	库尔干(Курган)
49	库尔斯克州(Курская область)	库尔斯克(Курск)
50	列宁格勒州(Ленинградская область)	加特契纳①(Гатчина)
51	利佩茨克州(Липецкая область)	利佩茨克(Липецк)
52	马加丹州(Магаданская область)	马加丹(Магадан)
53	莫斯科州(Московская область)	莫斯科(Москва,大部分机构所在地)和克拉斯诺戈尔斯克(Красногорск,小部分机构所在地)
54	摩尔曼斯克州(Мурманская область)	摩尔曼斯克(Мурманск)

① 2021年3月,列宁格勒州的行政机关从圣彼得堡搬迁至加特契纳。

续表1.2

序号	联邦主体	行政中心
55	下诺夫哥罗德州(Нижегородская область)	下诺夫哥罗德(Нижний Новгород)
56	诺夫哥罗德州(Новгородская область)	大诺夫哥罗德(Великий Новгород)
57	新西伯利亚州(Новосибирская область)	新西伯利亚(Новосибирск)
58	鄂木斯克州(Омская область)	鄂木斯克(Омск)
59	奥伦堡州(Оренбургская область)	奥伦堡(Оренбург)
60	奥廖尔州(Орловская область)	奥廖尔(Орел)
61	奔萨州(Пензенская область)	奔萨(Пенза)
62	普斯科夫州(Псковская область)	普斯科夫(Псков)
63	罗斯托夫州(Ростовская область)	顿河畔罗斯托夫(Ростов-на-Дону)
64	梁赞州(Рязанская область)	梁赞(Рязань)
65	萨马拉州(Самарская область)	萨马拉(Самара)
66	萨拉托夫州(Саратовская область)	萨拉托夫(Саратов)
67	萨哈林州(Сахалинская область)	南萨哈林斯克(Южно-Сахалинск)
68	斯维尔德洛夫斯克州(Свердловская область)	叶卡捷琳堡(Екатеринбург)
69	斯摩棱斯克州(Смоленская область)	斯摩棱斯克(Смоленск)
70	坦波夫州(Тамбовская область)	坦波夫(Тамбов)
71	特维尔州(Тверская область)	特维尔(Тверь)
72	托木斯克州(Томская область)	托木斯克(Томск)
73	图拉州(Тульская область)	图拉(Тула)
74	秋明州(Тюменская область)	秋明(Тюмень)
75	乌里扬诺夫斯克州(Ульяновская область)	乌里扬诺夫斯克(Ульяновск)
76	车里雅宾斯克州(Челябинская область)	车里雅宾斯克(Челябинск)
77	雅罗斯拉夫尔州(Ярославская область)	雅罗斯拉夫尔(Ярославль)
78	莫斯科市(Москва)	莫斯科(Москва)
79	圣彼得堡市(Санкт-Петербург)	圣彼得堡(Санкт-Петербург)

续表1.2

序号	联邦主体	行政中心
80	塞瓦斯托波尔市(Севастополь)	塞瓦斯托波尔(Севастополь)
81	犹太自治州(Еврейская автономная область)	比罗比詹(Биробиджан)
82	涅涅茨自治区(Ненецкий автономный округ)	纳里扬马尔(Нарьян-Мар)
83	汉特-曼西自治区/尤格拉(Ханты-Мансийский автономный округ/Югра)	汉特-曼西斯克(Ханты-Мансийск)
84	楚科奇自治区(Чукотский автономный округ)	阿纳德尔(Анадырь)
85	亚马尔-涅涅茨自治区(Ямало-Ненецкий автономный округ)	萨列哈尔德(Салехард)

2. 经济区

依据共同的经济社会目标和参加的开发计划、经济状况、发展潜力,以及气候、环境、地形、建筑技术检查标准、关税、人口等基准,俄罗斯将全国划分为12个经济区(экономический район)。俄罗斯经济区划分见表1.3。

表1.3 俄罗斯经济区划分

序号	经济区
1	中央经济区(Центральный экономический район)
2	中央黑土经济区(Центрально-Черноземный экономический район)
3	东西伯利亚经济区(Восточно-Сибирский экономический район)
4	远东经济区(Дальневосточный экономический район)
5	北方经济区(Северный экономический район)
6	北高加索经济区(Северо-Кавказский экономический район)
7	西北经济区(Северо-Западный экономический район)
8	伏尔加河流域经济区(Поволжский экономический район)
9	乌拉尔经济区(Уральский экономический район)
10	伏尔加-维亚特卡经济区(Волго-Вятский экономический район)

续表1.3

序号	经济区
11	西西伯利亚经济区(Западно-Сибирский экономический район)
12	加里宁格勒州特别经济区(Калининградский особый экономический район)

(1)中央经济区。

中央经济区包括莫斯科市、布良斯克州、弗拉基米尔州、伊万诺沃州、卡卢加州、科斯特罗马州、莫斯科州、奥廖尔州、梁赞州、斯摩棱斯克州、特维尔州、图拉州和雅罗斯拉夫尔州13个联邦主体。

中央经济区凭借其得天独厚的地理优势和丰富的人力资源,成为全俄罗斯制造工业最发达的地区。优越的经济地理位置、首都的历史积淀、四通八达的交通网、老工业区的基础等因素大力促进了中央经济区的经济发展。

莫斯科是俄罗斯最大的工业中心,工业总产值居全俄首位,工业门类齐全。其中,重工业与化学工业发达,机械制造业(机床、汽车、电机、仪器、钟表等)占全市工业总产值的一半以上,轻工(服装、制鞋)、纺织、化工、食品加工和印刷业也较发达。莫斯科还发展各种有色金属的冶炼工业,其中铝业特别发达。莫斯科也是俄罗斯最大的军事工业中心,航空、航天、电子等工业均集中在此。

伊万诺沃的纺织工业历史悠久,被称为俄罗斯的纺织工业中心(текстильная столица),全俄的各类织物大多产自该地。除了棉纺织工业,还有毛纺织、丝纺织和针织工业。伊万诺沃纺织女工众多,因此,该城也被称为"姑娘城"(город невест)。

科斯特罗马堪称俄罗斯的"首饰之都"(ювелирная столица),目前有首饰工厂约1 200家,俄罗斯每两件首饰就有一件产于此地。科斯特罗马的首饰一般不是100%纯金、纯银的,金含量是58.5%(俗称585紫金),银含量是92.5%,这样的合金比例更容易锻造成各种形状,并且确保足够的硬度,不变形。科斯特罗马首饰的价格并不能单纯以克数来衡量,更多时候价格包含了其独一无二的设计。

中央经济区旅游业发达,其中最著名的是"金环城市"①(Золотое кольцо)旅

---

① "金环城市"这一浪漫的叫法不是官方名称,而是为杂志撰写俄罗斯城市概况、为游客提供逸闻趣事的苏联记者尤里·贝奇科夫(Юрий Бычков,1931~2016)于1967年提出的。当年,尤里·贝奇科夫被《苏维埃文化报》派往苏兹达尔采访旅游业的发展,回程时他不想走回头路返回莫斯科,而是在地图上找到了另一条经雅罗斯拉夫尔返回的路线。他最初对金环八座古城的报道被报社当作一般性资料收录,后来引起社会广泛反响,从而确立了金环的旅游地位。

游线路。该线路是一条从莫斯科出发,前往其东北方向八座俄罗斯最古老和著名的城市,绕一圈后返回莫斯科的历史文化旅游路线。金环城市包括:谢尔吉耶夫①(Сергиев Посад)、佩列斯拉夫尔－扎列斯基②(Переславль-Залесский)、大罗斯托夫③(Ростов Великий)、雅罗斯拉夫尔④(Ярославль)、科斯特罗马⑤(Кострома)、伊万诺沃⑥(Иваново)、苏兹达尔⑦(Суздаль)和弗拉基米尔⑧(Владимир),这些城市保存了俄罗斯独一无二的最珍贵的历史文化古迹。

(2)中央黑土经济区。

中央黑土经济区位于俄罗斯的西南部,是俄罗斯面积最小的经济区。该区因森林、草原的黑土特征而得名。历经多次国家经济改革,中央黑土经济区的行政区划不断发生变化。目前,中央黑土经济区主要包括别尔哥罗德州、沃罗涅日州、库尔斯克州、利佩茨克州和坦波夫州5个联邦主体。

中央黑土经济区铁矿石的储量异常丰富,库尔斯克地磁异常区(Курская магнитная аномалия, KMA)铁矿石储量为300亿吨,高居世界第一位。库尔斯克地磁异常区的矿藏还有铜、镍、铅、锌及其他稀有金属。

中央黑土经济区土壤肥沃,气候条件好,农业发达,区内40%的人口为农业人口。该区主要的种植作物有甜菜、玉米、大麦、燕麦、小麦、马铃薯等。中央黑土经济区在农业基地建立起了发达的食品工业,主要有磨粉业、制糖业、榨油业、烟草业、肉类加工业等。

中央黑土经济区制造业发达。由苏联图波列夫设计局(Конструкторское бюро «Туполев»)研制、在沃罗涅日生产的超音速客机(сверхзвуковой пассажирский самолет)图－144(Ту-144)是世界上首飞的超音速民航客机(飞行速度达1 224千米每小时)。1968年12月31日,图－144原型机首次试飞,1975年12月,正式投入苏联国内货运飞行,1977年11月,开始在莫斯科—阿拉木图的航线上载客飞行。

(3)东西伯利亚经济区。

东西伯利亚经济区由6个联邦主体组成:布里亚特共和国、图瓦共和国、哈卡

---

① 谢尔吉耶夫,位于莫斯科州,建于1337年,人口10.18万。
② 佩列斯拉夫尔－扎列斯基,位于雅罗斯拉夫尔州,建于1152年,人口3.77万。
③ 大罗斯托夫,位于雅罗斯拉夫尔州,建于862年,人口2.81万。
④ 雅罗斯拉夫尔,雅罗斯拉夫尔州首府,建于1010年,人口60.14万。
⑤ 科斯特罗马,科斯特罗马州首府,建于1152年,人口27.74万。
⑥ 伊万诺沃,伊万诺沃州首府,建于1608年,人口36.16万。
⑦ 苏兹达尔,位于弗拉基米尔州,建于1024年,人口0.93万。
⑧ 弗拉基米尔,弗拉基米尔州首府,建于990年,人口35.23万。

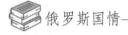

斯共和国、外贝加尔边疆区、克拉斯诺亚尔斯克边疆区和伊尔库茨克州。

东西伯利亚经济区的农业以种植业和畜牧业为主。东西伯利亚具有最典型的大陆性气候特点,具体表现为冬夏温差较大,昼夜温度变化剧烈。在北冰洋的直接影响下,东西伯利亚成为世界上最寒冷的地区之一。北部地区冬季长达9~10个月,河流和土壤只在夏季有限的2~3个月里解冻,且降水量少。这种严酷的气候条件使农业发展遇到困难,只能种植一些生长期短的作物,其中包括春小麦、大麦、燕麦、甜菜和亚麻。

东西伯利亚经济区电力工业较发达。东西伯利亚河流密布,占全俄河流流量的30%,水力资源在全俄占第一位。近年来,已建成一批世界上规模较大的水电站,其中有安加拉河(Ангара)上的伊尔库茨克水电站(Иркутская ГЭС)、布拉茨克水电站(Братская ГЭС)、乌斯季伊利姆斯克水电站(Усть-Илимская ГЭС);在叶尼塞河(Енисей)上有克拉斯诺亚尔斯克水电站(Красноярская ГЭС)、萨彦舒申斯克水电站(Саяно-Шушенская ГЭС)等。

东西伯利亚经济区石油和天然气开采业发展良好。近年来,在东西伯利亚南部伊尔库茨克州一带发现了丰富的石油和天然气田,其开采前景十分广阔。

(4)远东经济区。

远东经济区属于边境经济区,是俄罗斯面积最大的经济区,与中国、朝鲜、美国和日本相邻。远东经济区由9个联邦主体组成:萨哈共和国(雅库特)、滨海边疆区、哈巴罗夫斯克边疆区、阿穆尔州、萨哈林州、马加丹州、堪察加边疆区、犹太自治州和楚科奇自治区。远东是人口最少的经济区,人口分布极不平衡,在人口密度最大的滨海边疆区每平方千米有12.1人。萨哈共和国、马加丹州、堪察加边疆区每平方千米只有0.3~0.8人。

远东经济区水利工业发达。阿穆尔河(Амур)及其支流蕴藏着巨大的水力资源,其左岸支流结雅河(Зея)上已建成功率为1 330兆瓦的结雅水电站(Зейская ГЭС)。注入北冰洋的勒拿河(Лена)水量丰富,下勒拿水电站(Нижнеленская ГЭС)功率达1 205兆瓦,居全俄第12位。

远东经济区渔业发达。阿穆尔河和勒拿河里鱼类丰富,多达99种,其中20种为特有鱼种,具有较大的经济价值。远东地区海洋鱼类年捕捞量占全俄的60%左右。

远东经济区地热资源和矿泉资源丰富,旅游和疗养业发达。远东是俄罗斯唯一有火山的地区,堪察加半岛火山众多,有大量间歇泉(гейзер)和温泉(горячий источник)。

(5)北方经济区。

北方经济区是在1986年从西北经济区划分出的独立的经济区,是俄罗斯西部面积最大的经济区。北方经济区由6个联邦主体构成：卡累利阿共和国、科米共和国、涅涅茨自治区、阿尔汉格尔斯克州、沃洛格达州和摩尔曼斯克州。

北方经济区是俄罗斯西部重要的燃料动力基地。这里集中了西部一半以上的水资源和燃料资源，如石油、天然气、煤炭、泥炭、油页岩等。巴伦支海（Баренцево море）沿岸及其大陆架石油、天然气储量丰富。

北方经济区森林资源占西部的50%，木材采伐与加工、制浆造纸均占全俄首位。该区木材采伐量占全俄的25%，俄罗斯50%以上的新闻纸、20%的锯材产自该区。卡累利阿南部、北德维纳河（Северная Двина）和伯朝拉河（Печора）流域森林工业发达。

(6) 北高加索经济区。

北高加索经济区包括12个联邦主体：阿迪格共和国、达吉斯坦共和国、印古什共和国、卡巴尔达-巴尔卡尔共和国、卡拉恰伊-切尔克斯共和国、北奥塞梯共和国、车臣共和国、克拉斯诺达尔边疆区、斯塔夫罗波尔边疆区、罗斯托夫州、克里米亚共和国和塞瓦斯托波尔市。

北高加索经济区是俄罗斯最南端的经济区，也是俄罗斯唯一拥有黑海（Черное море）、亚速海（Азовское море）出海口的经济区。该区是俄罗斯进入外高加索（Закавказье）各国的唯一通道，地理位置十分重要。

北高加索经济区自然条件复杂，资源繁多。斯塔夫罗波尔边疆区蕴藏石油和天然气。大高加索山脉（Большой Кавказ）富有锌、铅、铜、钼等矿藏。

北高加索经济区是俄罗斯重要的产粮区和油料作物种植区。顿河（Дон）流经本区北部，从大高加索山脉流下许多河流，其中有库班河（Кубань）、捷列克河（Терек）等，水力资源丰富。温暖的气候、肥沃的黑土和广阔的天然牧场是发展农业的有利条件。全俄25%的谷物、30%的甜菜、55%的向日葵和20%的蔬菜产自这里，而且该区是俄罗斯唯一种植茶、石榴、柑橘等亚热带作物的经济区。

北高加索经济区是俄罗斯最大的葡萄种植区，该区是俄罗斯最大的葡萄酒、香槟酒生产基地。

北高加索经济区食品工业闻名全俄，磨面、碾米技术发达，还生产罐头、油脂、肉制品，被称为俄罗斯的"食品车间"（пищевой цех）。

北高加索经济区的矿水城（Минеральные Воды）、基斯洛沃茨克（Кисловодск）、热列兹诺沃茨克（Железноводск）是著名的疗养及旅游胜地。北高加索经济区的疗养业、旅游业对全俄具有重要意义，这里集中了全俄30%的医疗用泥和矿泉水资源。

(7) 西北经济区。

西北经济区包括4个联邦主体：列宁格勒州、诺夫哥罗德州、普斯科夫州和圣彼得堡市。

西北经济区濒临芬兰、爱沙尼亚、拉脱维亚、白俄罗斯、波兰、立陶宛等欧洲国家。西北经济区濒临波罗的海（Балтийское море），区内河流水量充足，约有7 000个湖泊，其中较大的是拉多加湖（Ладожское озеро）、奥涅加湖（Онежское озеро）、楚德湖（Чудское озеро）、伊尔门湖（Ильмень）。涅瓦河（Нева）是俄罗斯水量最大的河流之一。波罗的海和拉多加湖富产鱼类。

西北经济区加工制造工业发达，主要有机械制造、有色金属、化学工业和轻工业。圣彼得堡是仅次于莫斯科的第二大机械工业城市，圣彼得堡也是最大的化学工业中心，化肥、药品、塑料、油漆等化工产业发达。

西北经济区亚麻种植业在全俄具有重要地位。普斯科夫州南部和诺夫哥罗德州东部种植亚麻。

西北经济区旅游资源丰富。2012年，银环（Серебряное ожерелье①）旅游线路应运而生。银环旅游线路由俄罗斯西北部的重要历史古城组成，包括11个联邦主体：圣彼得堡市、列宁格勒州、阿尔汉格尔斯克州、普斯科夫州、诺夫哥罗德州、加里宁格勒州、沃洛格达州、摩尔曼斯克州、卡累利阿共和国、科米共和国、涅涅茨自治区。这些地区历史悠久，具有重要的历史文化价值。其中，诺夫哥罗德州被称为"俄罗斯国家的摇篮"（колыбель русской государственности）。按编年史记载，留里克就是受诺夫哥罗德人之邀带兵来到这里的，建立了罗斯的第一个共和国。

（8）伏尔加河流域经济区。

伏尔加河流域经济区位于伏尔加河（Волга）沿岸中下游流域，以及苏拉河（Сура）流域和卡马河沿岸地区（Прикамье），由8个联邦主体组成，分别是鞑靼斯坦共和国、卡尔梅克共和国、奔萨州、萨马拉州、萨拉托夫州、乌里扬诺夫斯克州、阿斯特拉罕州和伏尔加格勒州。

伏尔加河流域经济区石油储量居全俄第2位，主要油田集中在鞑靼斯坦共和国和萨马拉州，天然气资源主要分布在萨拉托夫州和伏尔加格勒州。该地区的其他矿藏还有油页岩、天然硫黄、盐、泥灰岩、石英砂、黏土等。

伏尔加河流域经济区机器制造业发达，汽车制造业尤为著名，生产卡玛斯、拉达、乌阿斯等载重车及各种型号的家庭用车。因此，该区也被称作俄罗斯的"汽车生产车间"。俄罗斯著名的卡玛斯汽车厂（Камский автомобильный завод, КАМАЗ）位于鞑靼斯坦共和国。卡玛斯是俄罗斯著名的汽车品牌，1969年8月成立。该厂生产的主要车型为多系列的双轴、三轴或四轴刚性车轴的商业和军用车辆，有

---

① Серебряное ожерелье 直译是"银项链"，与金环（Золотое кольцо，直译：金戒指）旅游线路相呼应。

效载重4~20吨。拉达(Лада)是位于萨马拉州陶里亚蒂(Тольятти)的俄罗斯最大的汽车制造厂——伏尔加汽车集团(АвтоВАЗ)旗下的汽车品牌,20世纪60年代苏联从意大利引进了该车型,2009年2月正式停产。乌里扬诺夫斯克①也是俄罗斯最大的汽车制造中心之一,乌里扬诺夫斯克汽车厂(Ульяновский автомобильный завод,УАЗ)始建于1941年,该厂生产的乌阿斯载重汽车享誉俄罗斯。

(9)乌拉尔经济区。

乌拉尔经济区位于乌拉尔中南部,局部地区位于乌拉尔北部,以及东欧平原(Восточно-Европейская равнина)和西西伯利亚平原(Западно-Сибирская равнина)的毗连区。乌拉尔经济区包括7个联邦主体:库尔干州、奥伦堡州、彼尔姆边疆区、斯维尔德洛夫斯克州、车里雅宾斯克州、巴什科尔托斯坦共和国和乌德穆尔特共和国。

乌拉尔经济区是俄罗斯著名的经济区之一,该区工业产品产量在俄罗斯仅次于中央经济区,位居第2位。

乌拉尔经济区自然资源丰富,石油、天然气储量很大。该地区蕴藏最丰富的是黑色金属矿石和有色金属矿石,乌拉尔经济区80%的铁矿石分布在斯维尔德洛夫斯克州。乌拉尔经济区黑色金属和有色金属冶金业发达。

乌拉尔经济区的农业主要是谷物种植、畜牧业和食品加工。南乌拉尔是俄罗斯最主要的商品粮基地,尤其是硬质小麦的供应基地。该区还生产奶制品、肉、动物油脂和饮料,畜牧业产值占该区农业产值的60%。

乌拉尔经济区军事工业发达。AK-47自动步枪(AK-47,автомат Калашникова)是苏联枪械设计师卡拉什尼科夫所设计的一款自动步枪,生产于乌德穆尔特共和国的首府伊热夫斯克(Ижевск)。

(10)伏尔加-维亚特卡经济区。

伏尔加-维亚特卡经济区包括5个联邦主体:马里埃尔共和国、莫尔多瓦共和国、楚瓦什共和国、基洛夫州和下诺夫哥罗德州。

伏尔加-维亚特卡经济区森林资源丰富,森林覆盖面积占该区总面积的51%,针叶林木的蓄积量约达15亿立方米,其中1/3为成熟林。该区水力资源也非常丰富,伏尔加河、奥卡河(Ока)和维亚特卡河(Вятка)为沿岸及其流域的工业企业提供了工业用水和能源。

伏尔加-维亚特卡经济区工业比较发达,主要工业有:汽车制造业、纸浆与造

---

① 1870年4月22日,弗拉基米尔·伊里奇·乌里扬诺夫(列宁)就出生在这里。乌里扬诺夫斯克原名辛比尔斯克,1924年,即列宁逝世的那一年改用现名一直延续至今,这座城市因列宁而名扬世界。

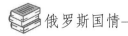

纸业、电子技术业、石油加工业和轻工业。此外,还有若干大型拖拉机厂、机床制造厂和造船厂。

(11)西西伯利亚经济区。

西西伯利亚经济区有9个联邦主体:克麦罗沃州、新西伯利亚州、鄂木斯克州、托木斯克州、秋明州、汉特-曼西自治区、亚马尔-涅涅茨自治区、阿尔泰共和国和阿尔泰边疆区。

西西伯利亚经济区的石油与天然气储量极其丰富,已发现的石油和天然气田已超过300处。该区主要油田分布在鄂毕河(Обь)中游地区,采油中心有秋明州的苏尔古特、尼日涅瓦尔托夫斯克、乌拉伊等地和托木斯克州的斯特列热沃依。目前的采油量占全俄石油产量的70%。石油工业使西西伯利亚经济区在俄罗斯经济中占有重要地位。西西伯利亚也是俄罗斯最重要的天然气产地,其产量占全俄产量的90%。西西伯利亚天然气利用大口径输气管道输送到南方地区和俄罗斯欧洲地区,喀山、下诺夫哥罗德、莫斯科等大城市都使用西西伯利亚的天然气。

西西伯利亚有丰富的煤炭资源。位于东南部克麦罗沃州的库兹涅茨克煤田举世闻名。新西伯利亚州的戈尔洛夫斯基煤田主要生产无烟煤。托木斯克州和秋明州也有大型煤田。目前,该经济区煤炭产量占俄罗斯生产总量的40%,其中炼焦煤占全俄炼焦煤产量的80%。

西西伯利亚经济区南部农业较发达。农牧业用地面积达3 600万公顷,其中50%是耕地,主要种植麦类作物和土豆,这里是俄罗斯的粮仓之一。西西伯利亚经济区拥有丰美的草场和牧场,畜牧业发达。奶牛饲养业有悠久的历史,这里生产的奶油早在一个多世纪之前就驰名欧洲市场。

(12)加里宁格勒州特别经济区。

1998年7月,加里宁格勒州成为加里宁格勒州特别经济区,是唯一一个用俄罗斯法律固定其法律地位的特别经济区。

加里宁格勒州特别经济区工业的基础领域有机械制造业(生产自卸车厢、电工设备、起重运输设备、纸浆造纸设备、食品加工设备、天然气工业设备、船舶维修设备等)、纸浆造纸工业、食品业(其中包括渔业)等。

加里宁格勒州特别经济区琥珀开采加工业发达,境内有世界上最大的琥珀矿,其琥珀产量约占世界储藏量的90%。

3.联邦区

为了巩固国家统一,强化总统对地方的管理体制,俄罗斯按地域原则共划分为8个联邦区(федеральный округ),见表1.4。

表1.4 俄罗斯联邦区

序号	联邦区	面积/万平方千米	人口/万人	联邦主体/个	行政中心
1	中央联邦区（Центральный федеральный округ）	65	4 023	18	莫斯科（Москва）
2	西北联邦区（Северо-Западный федеральный округ）	169	1 387	11	圣彼得堡（Санкт-Петербург）
3	南部联邦区（Южный федеральный округ）	45	1 663	8	顿河畔罗斯托夫（Ростов-на-Дону）
4	北高加索联邦区（Северо-Кавказский федеральный округ）	17	1 020	7	皮亚季戈尔斯克（Пятигорск）
5	伏尔加沿岸联邦区（Приволжский федеральный округ）	104	2 868	14	下诺夫哥罗德（Нижний Новгород）
6	乌拉尔联邦区（Уральский федеральный округ）	182	1 226	6	叶卡捷琳堡（Екатеринбург）
7	西伯利亚联邦区（Сибирский федеральный округ）	436	1 665	10	新西伯利亚（Новосибирск）
8	远东联邦区（Дальневосточный федеральный округ）	695	790	11	符拉迪沃斯托克（Владивосток）

四、俄罗斯国徽、国旗、国歌

1. 国徽

俄罗斯的国徽（государственный герб）为盾徽。1993年11月30日，俄罗斯决定采用伊凡三世时期以双头鹰（двуглавый орел）为图案的国徽：红色盾面上有一只金色的双头鹰，鹰头上是彼得大帝的三顶皇冠，鹰爪抓着象征皇权的权杖和金球。

2. 国旗

俄罗斯的国旗(государственный флаг)采用传统的泛斯拉夫色,旗面由3个平行且相等的横长方形组成,由上到下依次是白、蓝、红三色。关于俄罗斯国旗的颜色有多种理解。一种解释为:白色代表寒带一年四季的白雪茫茫;蓝色代表亚寒带,又象征俄罗斯丰富的地下矿藏和森林、水力等自然资源;红色是温带的标志,也象征俄罗斯历史的悠久和对人类文明的贡献。三色的排列显示了俄罗斯的幅员辽阔。还有一种解释为:白色象征真理,蓝色代表纯洁与忠诚,红色则是美好和勇敢的标志。

3. 国歌

俄罗斯的国歌(государственный гимн)名为《俄罗斯,我们神圣的祖国》(«Россия — священная наша держава»)。

五、俄罗斯人口与民族

1. 俄罗斯人口

俄罗斯人口共1.464 247 29亿,居世界第9位。俄罗斯是世界上人口减少速度最快的国家之一。

俄罗斯城市人口占总人口的74.87%,农村人口占25.13%。

俄罗斯男女性别比例失调。1989年、2002年和2010年的三次全俄人口普查结果显示,俄罗斯男女人口比例分别是1 000∶1 140、1 000∶1 147和1 000∶1 163。

俄罗斯人口密度为8.55人/平方千米,但人口分布极不均衡,69.11%的人口居住在俄罗斯的欧洲部分。欧洲部分人口密度为27人/平方千米,亚洲部分人口密度为3人/平方千米。人口密度最大的联邦主体是莫斯科,为5 114.23人/平方千米。人口密度最小的联邦主体是楚科奇自治区,为0.07人/平方千米。

2. 俄罗斯民族

俄罗斯是一个多民族国家。2010年进行的全俄人口普查数据显示,俄罗斯共有民族194个[①],各民族在人数、语言、风俗习惯等方面有较大差异。俄罗斯族人口最多,约占俄罗斯人口总数的80.9%。

---

① 另有3.9%的居民不能确定自己的民族,而且俄罗斯的身份证(паспорт)上也不标注公民的民族。

六、俄罗斯教育

俄罗斯教育具有悠久的历史。俄罗斯古时基本以家庭教育为主,培养农工、手工匠人、武士和术士。公元9世纪下半叶,基里尔兄弟在希腊字母基础上创造了斯拉夫字母。从988年到13世纪中叶,俄罗斯基本上创立了初级教育,政府兴办了各类学校。此后,由于鞑靼人的入侵,教育活动几近中断。

1632年,俄罗斯政府开始兴办学校。1687年,在莫斯科建立了斯拉夫希腊拉丁语学院(Славяно-греко-латинская академия)。1714年,彼得一世下令设立新式学校。1724年,设立圣彼得堡科学院(Академия наук в Санкт-Петербурге),附设一所大学和一所中学。1755年,在罗蒙诺索夫的倡议下创办了莫斯科国立大学(Московский государственный университет,МГУ),设有哲学、法律、医学等专业。

18世纪到19世纪中期,俄罗斯基本上建立了欧式教育体系。

1. 中等义务教育

俄罗斯的中等义务教育学校可分为以下三种:全日制普通教育学校(дневная общеобразовательная школа)、侧重文科教育的中学(гимназия)和侧重理科教育的中学(лицей)。学生如果不参加学校教育,也可实行家庭教育(семейное образование),每学期参加学校组织的考试,也可获得中学毕业证书(аттестат зрелости)。

俄罗斯实行11年中等义务教育。一至四年级为低年级(младшие классы,相当于小学)、五至九年级为中年级(средние классы,相当于初中)。九年级进行中考(Основной государственный экзамен,ОГЭ)。九年级毕业以后,学生可以选择读高年级(старшие классы,十至十一年级,相当于高中),也可以选择中等专业学校(училище,техникум,колледж)继续学习。

俄罗斯政府为低年级学生每天提供一次免费的正餐。

俄罗斯中小学除了寒暑假,实行每上五周课放假一周的制度,开创了中小学放假的新模式。

2. 俄罗斯高考

以往俄罗斯高校在招生过程中采用各自单独命题考试的方式(以口试为主,满分为5分)。后来这种做法受到越来越多的批评。一般认为各高校单独命题招生不利于在全国实行统一的教育标准,各地教育教学水平缺乏统一科学的衡量标准,而且单独命题容易滋生腐败现象。2007年,俄罗斯开始在全国范围内进行国家统一考试(Единый государственный экзамен,ЕГЭ)。考试科目包括俄语、文学、数学、外语(在英语、西班牙语、德语、法语、汉语中任选其一)、物理、化学、生物、历史、地理、社会科学知识、信息技术等。其中，俄语和数学是必考科目，其他科目根据所报考高校院系要求选择考试（一般为两门）。

高考时间（основной период）一般持续 20 天左右，对于那些由于各种原因（生病、家庭变故等）没能参加高考的学生可以在补考时间（резервные дни）进行第二次考试。

考试成绩有效期四年，在此期间可以凭分数申请大学。

2022 年俄罗斯高考时间及科目见表 1.5。

表 1.5　2022 年俄罗斯高考时间及科目

高考时间 （основной период）	科目 （предметы）
5 月 26 日（星期四）	地理（география）、文学（литература）、化学（химия）
5 月 30 日（星期一）	俄语①（русский язык）
5 月 31 日（星期二）	俄语（русский язык）
6 月 2 日（星期四）	专业数学②（математика профильного уровня）
6 月 3 日（星期五）	基础数学③（математика базового уровня）
6 月 6 日（星期一）	历史（история）、物理（физика）
6 月 9 日（星期四）	社会科学知识（обществознание）
6 月 14 日（星期二）	外语，不包括口语考试（иностранные языки, за исключением раздела «Говорение»）、生物（биология）
6 月 16 日（星期四）	外语口试（иностранные языки — раздел «Говорение»)
6 月 17 日（星期五）	外语口试（иностранные языки — раздел «Говорение»)
6 月 20 日（星期一）	信息技术（информатика）
6 月 21 日（星期二）	信息技术（информатика）

表 1.6 是 2022 年俄罗斯高考补考时间及科目。

---

① 2022 年，俄语科目考试在两天进行，分 A、B 卷进行考试。
② 难度较高的数学，适合对数学要求较高的专业。
③ 难度较低的数学，适合对数学要求不高的专业。

表 1.6　2022 年俄罗斯高考补考时间及科目

补考时间 (резервные дни)	科目 (предметы)
6月23日(星期四)	俄语(русский язык)
6月24日(星期五)	地理(география)、文学(литература)、外语口试(иностранные языки — раздел «Говорение»)
6月27日(星期一)	基础数学(математика базового уровня)、专业数学(математика профильного уровня)
6月28日(星期二)	外语,不包括口语考试(иностранные языки, за исключением раздела «Говорение»)、生物(биология)、信息技术(информатика)
6月29日(星期三)	社会科学知识(обществознание)、化学(химия)
6月30日(星期四)	历史(история)、物理(физика)
7月2日(星期六)	各门科目(по всем учебным предметам)

3. 高等教育

目前,俄罗斯共有高等院校 710 所,其中包括 497 所国立院校和 213 所私立院校。授课形式分为全日制教学(дневное обучение)、函授教学(заочное обучение)和晚间教学(вечернее обучение)等。

苏联时期的高等教育分为两个层次[①]:大学阶段(специалитет)和副博士研究生阶段(аспирантура)。其中,大学学制 5 年,毕业获得专家(специалист)称号,相当于中国的硕士学位。副博士研究生学制 3 年,毕业获得副博士学位(кандидат наук),相当于中国的博士学位。

目前,俄罗斯的高等教育分 3 个层次,即本科阶段(бакалавриат)、硕士研究生阶段(магистратура)和副博士研究生阶段。其中,本科学制 4 年,毕业获得学士学位(бакалавр)。硕士研究生学制 2 年,毕业获得硕士学位(магистр)。

博士(доктор наук,学制 3 年)学位则是一个人在学术领域取得更高成就的一种标志和称号。

4. 俄罗斯高校

俄罗斯规模最大、历史最悠久的高校是莫斯科国立大学,全称莫斯科国立罗蒙诺索夫大学(Московский государственный университет им. М. В. Ломоносова,

---

① 现在俄罗斯大学的一些专业仍然沿用该体制。

МГУ),是俄罗斯第一所综合性大学,是在俄罗斯科学家、社会活动家、诗人罗蒙诺索夫的倡议下由女沙皇伊丽莎白·彼得罗芙娜(1741~1762年在位)下令于1755年建立的。莫斯科国立大学在俄罗斯具有特殊地位,它是俄罗斯有自治权的大学。莫斯科国立大学不但是俄罗斯最大的大学和学术中心,也是全世界最大和最著名的高等学府之一。俄罗斯11位诺贝尔奖获得者为该校的教授或毕业生。

莫斯科国立大学的老校舍在距离红场不远的莫霍夫大街上,新校舍位于麻雀山(Воробьевы горы)上。新校舍建筑群的中央是一幢挺拔的高层塔楼,共39层,高度近240米,是莫斯科最高的建筑之一。

莫斯科国立大学共设有15个研究所、43个系、300多个教研室。现有教师和科研工作者8 900余人,本科生和硕士研究生37 000余人,副博士研究生和博士研究生7 000余人,其中包括来自100多个国家的外国留学生。

2022年RAEX评级机构俄罗斯高校排名见表1.7。

表1.7　2022年RAEX评级机构俄罗斯高校排名

排名	俄罗斯高校
1	莫斯科国立大学(Московский государственный университет имени М. В. Ломоносова)
2	莫斯科物理技术学院(Московский физико-технический институт)
3	圣彼得堡国立大学(Санкт-Петербургский государственный университет)
4	国立核能研究大学–莫斯科工程物理学院(Национальный исследовательский ядерный университет «МИФИ»)
5	国家研究型高等经济大学(Национальный исследовательский университет «Высшая школа экономики»)
6	莫斯科国立鲍曼技术大学(Московский государственный технический университет имени Н. Э. Баумана)
7	莫斯科国立国际关系学院(Московский государственный институт международных отношений, МГИМО)
8	圣彼得堡彼得大帝理工大学(Санкт-Петербургский политехнический университет Петра Великого)
9	托木斯克理工大学(Томский политехнический университет)
10	俄罗斯联邦总统直属国民经济与国家行政学院(Российская академия народного хозяйства и государственной службы при Президенте РФ)

七、俄罗斯科学技术

俄罗斯在航空、航天、地质、矿业、核能、船舶制造、生物医学、分子物理、计算机软件、光学和电子仪器加工等领域的研究都具有较高水平,有些专业或领先于欧美国家,或与其并驾齐驱,居世界一流水平。

1. 俄罗斯科学家

(1)罗蒙诺索夫。

罗蒙诺索夫(М. В. Ломоносов,1711～1765),俄国第一位科学院院士,俄国自然科学的奠基人,俄国百科全书式的科学家、语言学家、哲学家和诗人。

罗蒙诺索夫在许多知识领域都有重要发现。他是研究原子分子结构学说的第一人,建立了俄国第一个化学实验室,揭示了化学反应中的物质守恒定律(Закон сохранения материи и движения)。在俄罗斯罗蒙诺索夫被称为"科学之父"(отец науки)。

罗蒙诺索夫是莫斯科国立大学的创始人。普希金这样评价罗蒙诺索夫:"罗蒙诺索夫是一个伟大的人。他建立了第一所大学,说得更好一些,他本人就是我们的第一所大学。"

(2)门捷列夫。

门捷列夫(Д. И. Менделеев,1834～1907),俄国化学家、教育家、社会活动家。1869年,门捷列夫发现化学元素的周期性,依照原子量制作出世界上第一张化学元素周期表(Периодическая таблица химических элементов),并据此预见了一些尚未发现的化学元素。门捷列夫的著作《化学原理》(«Основы химии»)在19世纪后期和20世纪初被国际学界公认为标准著作,前后共出了8版,并被译成欧洲各国文字出版,影响了一代又一代的化学家。

为纪念这位伟大的科学家,1955年发现的新元素"钔"(менделевий)以门捷列夫的姓氏命名。

(3)巴甫洛夫。

巴甫洛夫(И. П. Павлов,1849～1936),苏联生理学家、心理学家,高级神经活动学说(наука о высшей нервной деятельности)的创始人,高级神经活动生理学的奠基人。

巴甫洛夫是条件反射理论(учение об условных рефлексах)的建构者,也是传统心理学领域之外而对心理学发展影响最大的人物之一。

在血液循环和消化生理学方面的研究及著作使巴甫洛夫在1904年成为俄罗斯第一位诺贝尔奖(诺贝尔生理学或医学奖,Нобелевская премия по физиологии или медицине)获得者。之后,他又创立了很有影响的高级神经活动学说。

(4)库尔恰托夫。

库尔恰托夫(И. В. Курчатов,1903~1960),苏联物理学家,被称为"原子弹之父"(отец атомной бомбы)。

库尔恰托夫早年从事电介质物理学研究,1933年后转向研究核反应。

(5)齐奥尔科夫斯基。

齐奥尔科夫斯基(К. Э. Циолковский,1857~1935),苏联科学家,现代理论宇航学的奠基人(основоположник теоретической космонавтики),被称为"航天之父"(отец космонавтики)。

齐奥尔科夫斯基最先论证了利用火箭进行星际交通、制造人造地球卫星和近地轨道站的可能性,指出发展宇航和制造火箭的合理途径,找到了火箭和液体发动机结构的一系列重要工程技术解决方案。齐奥尔科夫斯基有一句名言:"地球是智慧的摇篮,但人类不可能永远被束缚在摇篮里。"1903年,齐奥尔科夫斯基发表论文《利用喷气工具研究宇宙空间》(«Исследование мировых пространств реактивными приборами»),提出了液体推进剂火箭(简称液体火箭)的构思并绘制了原理图,推导出在不考虑空气阻力和地球引力的理想情况下计算火箭在发动机工作期间获得速度增量的公式,为研究火箭和液体火箭发动机奠定了理论基础。

(6)科罗廖夫。

科罗廖夫(С. П. Королев,1907~1966),实践宇航学的奠基人(основоположник практической космонавтики),宇航事业的伟大设计师与组织者,第一枚射程超过8 000千米的洲际火箭(弹道导弹)的设计者,第一颗人造地球卫星运载火箭的设计者,第一艘载人航天飞船的总设计师。

科罗廖夫领导火箭飞行仪器制造部门的工作,发表了关于火箭飞行方面的论著。作为实践宇航学的奠基人,科罗廖夫的名字被载入人类进步的史册。为纪念这位伟大的科学家,萨马拉国立航空航天大学①(Самарский государственный аэрокосмический университет им. академика С. П. Королева)以科罗廖夫命名。

2. 俄罗斯科学院

俄罗斯科学院是俄罗斯最高科学机构,于1724年由彼得一世下令创办。1917年前称为彼得堡科学院,1917年改称俄罗斯科学院,自1925年7月起改名为苏联科学院,1991年重新更名为俄罗斯科学院。

---

① 2015年,萨马拉州立大学与该校合并,更名为以科罗廖夫院士命名的萨马拉国立大学(Самарский национальный исследовательский университет им. академика С. П. Королева)。

3. 第一颗人造地球卫星的发射

早在 1917 年之前,俄国的一些科学家就开始探讨航天的理论和实现途径问题。

1903 年,齐奥尔科夫斯基发表著作论证利用火箭实现星际航行的可能性,奠定了火箭理论和航天学的基础。1921 年,在莫斯科建立了第一个火箭研究和试验机构——气体动力实验室,并于 1928 年进行了首批火药火箭的发射试验。

1933 年,科罗廖夫领导的莫斯科反作用运动研究小组发射了第一批液体火箭。同年,喷气科学研究所成立。1941 年,液体火箭发动机设计局成立。这两个组织在研制火箭滑翔机和飞航式导弹方面取得了相当快的进展,也培养了不少火箭技术人才。

1957 年 10 月 4 日,世界上第一颗人造地球卫星(искусственный спутник Земли)成功发射。

4. 航天员

(1) 加加林。

加加林(Ю. А. Гагарин,1934~1968),世界上第一位航天员,苏联英雄。

1961 年 4 月 12 日,莫斯科时间上午 9 时 7 分,加加林乘坐"东方 1 号"(Восток-1)宇宙飞船(космический корабль)从拜科努尔(Байконур)发射场①起航,在最大高度为 301 千米的轨道上绕地球一周,历时 1 小时 48 分钟,于上午 10 时 55 分安全返回,降落在萨拉托夫州斯梅洛夫卡村地区,完成了世界上首次载人宇宙飞行,实现了人类进入太空的愿望。加加林乘坐的"东方 1 号"飞船成为世界上第一个载人进入外层空间的航天器。

(2) 列昂诺夫。

列昂诺夫(А. А. Леонов,1934~2019),第一位在太空行走的航天员。

1965 年 3 月 18 日,列昂诺夫成为离开轨道运行的太空船在太空中漂游的第一人。当"上升 2 号"(Восход-2)太空船飞经苏联上空时,列昂诺夫打开窗口,在太空中停留 10 分钟。他用一根绳子将自己系在太空船上,穿上了专门设计的航天服,在太空中翻了一个筋斗。

(3) 捷列什科娃。

捷列什科娃(В. В. Терешкова,1937~),世界上第一位女航天员,俄罗斯唯一拥有将军军衔的女性。

1963 年 6 月 16 日,捷列什科娃乘坐"东方 6 号"飞船升空,在太空轨道中停留 3 天,成为人类历史上进入太空的第一位女性。

---

① 拜科努尔发射场是世界上第一个也是规模最大的航天器发射场,位于哈萨克斯坦境内。

捷列什科娃一生都在从事社会活动,对生活保持着积极向上的态度。

八、俄罗斯节日

俄罗斯的官方节日(официальные праздники)包括定为休息日的全民节日和不休息的全民节日。

俄罗斯定为休息日的全民节日包括:新年、祖国保卫者日、国际妇女节、春天和劳动节、胜利日、俄罗斯日、人民团结日。俄罗斯的节假日会根据情况与星期六或星期日串休,如节假日前为工作日,则按法律规定该工作日提前一个小时下班,成为短工作日(сокращенный рабочий день)。

不休息的全民节日包括:俄罗斯大学生日、知识日和教师节等。

1. 俄罗斯定为休息日的全民节日

(1)新年。

1月1日是新年(Новый год)。新年是俄罗斯最古老的节日,也是最受人们欢迎的节日。枞树(елка)是新年的象征,孩子们在枞树下收获新年礼物。当克里姆林宫的大钟开始新年倒计时时,人们打开传统的新年饮品——香槟(шампанское)迎接新一年的到来。

(2)祖国保卫者日。

2月23日是祖国保卫者日(День защитника Отечества)。祖国保卫者日是俄罗斯唯一献给男性的节日,民间又称"男人节"(Мужской день),在这一天男性会收到女性赠送的礼物。

(3)国际妇女节。

3月8日是国际妇女节(Международный женский день)。在妇女节男性向女性祝贺、赠送鲜花和各种礼物,并承担家务。

(4)春天和劳动节。

5月1日是国际劳动节(День международной солидарности трудящихся)。1992年,俄罗斯将该节日改名为春天和劳动节(Праздник Весны и Труда)。

(5)胜利日。

5月9日是胜利日(День Победы)。胜利日被俄罗斯人称作"含泪庆祝的节日",每年5月9日都要在红场举行隆重的阅兵仪式。

(6)俄罗斯日。

6月12日是俄罗斯日(День России)。1994年确定为国家节日,成为独立日(День независимости)。2002年起改称"俄罗斯日",即国庆节。

(7)人民团结日。

1610年,波兰人进入莫斯科。1612年,由公爵波扎尔斯基(Д. М. Пожарский)和市民米宁(Минин Кузьма)组织起一支军队反抗波兰入侵者,各地人民纷纷响应。1612年秋,收复了莫斯科,为纪念这一事件,11月4日被定为"人民团结日"(День народного единства)。2004年起,11月4日被当作俄罗斯一个新的全民节日来庆祝,这是俄罗斯最年轻的节日。

2. 俄罗斯不休息的全民节日

(1)大学生日。

1月25日是俄罗斯的大学生日(День российского студенчества),该节日又称塔季扬娜日(Татьянин день)。大学生通过滑冰、听音乐会等方式庆祝这个属于自己的节日。

(2)俄语日。

6月6日是俄罗斯著名诗人普希金的生日,被定为俄语日(День русского языка)。

(3)知识日。

9月1日是俄罗斯新学年开始的日子,是俄罗斯的知识日(День знаний)。

(4)教师节。

10月5日是俄罗斯的教师节(День учителя)。1965~1994年,俄罗斯教师节定为10月的第一个星期日。1994年后,俄罗斯的教师节改为10月5日。中学、职业学校及高等院校的学生们以赠送鲜花、组织晚会、表演戏剧等各种形式向老师祝贺。

(5)高校教师节。

11月19日是俄罗斯的高校教师节(День преподавателя высшей школы)。2021年,俄罗斯科学与高等教育部(Министерство науки и высшего образования)宣布把罗蒙诺索夫的生日——11月19日这一天作为高校教师节。

(6)和谐和解日。

11月7日是和谐和解日(День согласия и примирения)。

(7)宪法日。

12月12日是俄罗斯宪法日(День Конституции)。1993年12月12日,俄罗斯就宪法举行全民公决,俄罗斯政府把12月12日定为宪法日。

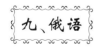

九、俄语

1. 俄语的地位

俄语(русский язык)是俄罗斯的官方语言,也是联合国的6种官方语言之一。

俄罗斯国情

俄语主要在独联体国家中使用。目前,使用人数约3.0亿,其中1.6亿人以俄语为母语。

现在,除俄罗斯之外的独联体国家开始强调当地语言的重要性,但是,俄语仍然是这些地区最广泛使用的语言,并且也是这些国家进行交流时使用的语言。俄语也是哈萨克斯坦、白俄罗斯、吉尔吉斯斯坦等国家的官方语言之一。

2. 斯拉夫民族与俄语

从语言属性上看俄语属于印欧语系(индоевропейская семья языков)的东斯拉夫语支(восточнославянская ветвь языков)。

斯拉夫字母的创立同基里尔(Кирилл)和他的长兄梅福季(Мефодий)密切相关,正是他们创造了斯拉夫字母。14世纪,东斯拉夫语发生分化,导致俄语、乌克兰语、白俄罗斯语的产生。

3. 普希金和罗蒙诺索夫对俄语的贡献

现代俄语主要有两种地域方言:南俄方言和北俄方言。在南北方言区之间,从西北到东南有一个过渡性的区域,习惯称中俄方言区。

俄国最伟大的诗人、浪漫主义文学的杰出代表、现实主义文学的奠基人普希金(А. С. Пушкин,1799~1837)规范了现代标准俄语(литературный русский язык)。

罗蒙诺索夫认为俄语是一种丰富、灵活、生动有力的语言,同样具有欧洲其他语言的优点。彼得一世改革以来,由于社会、政治、经济的变化,俄语中夹杂着许多外来词汇。罗蒙诺索夫针对这种情况提出了改革意见。根据古典主义的原则,他把文学体裁划分为高、中、低三种,规定每种体裁允许使用的词汇,主张避免陈旧的斯拉夫词汇和不必要的外来语。这为克服当时俄语的混杂现象、创造统一的规范语言打下了基础。罗蒙诺索夫在规范俄罗斯语言、使文学语言接近口语方面贡献很大,著有第一本《俄语语法》(«Российская грамматика»),被后世称为"俄罗斯语言之父"(отец российского языка)。

第二章 俄罗斯地理

一、俄罗斯地理位置

俄罗斯是世界上面积最大的国家,总面积为1 709.82万平方千米。俄罗斯领土呈长方形,东西长约为10 000千米,西起波罗的海沿岸,东至太平洋(Тихий океан)沿岸,横跨11个时区。南北宽约为4 000千米,跨越4个气候带。

俄罗斯地跨欧亚两大洲,领土包括欧洲的东部和亚洲的北部。欧洲部分约占其领土面积的1/4,包括乌拉尔山以西的领土。亚洲部分约占其领土面积的3/4,包括乌拉尔山以东以及西伯利亚和远东地区。

俄罗斯领土的最北端位于泰梅尔半岛(полуостров Таймыр)上的切柳斯金角(мыс Челюскин),最南端位于高加索北部山脊的达吉斯坦共和国境内,最西端位于加里宁格勒附近的波罗的海沙嘴处,陆地最东端为杰日尼奥夫角(мыс Дежнева)。

俄罗斯是我国的近邻。俄罗斯东南部的阿穆尔州、犹太自治州、外贝加尔边疆区、哈巴罗夫斯克边疆区和滨海边疆区与我国的内蒙古自治区、黑龙江省和吉林省接壤,南部的阿尔泰共和国与我国的新疆维吾尔自治区接壤。

二、俄罗斯地形

俄罗斯的地势大致为东部高,西部低。位于俄罗斯国土中部的叶尼塞河自南向北将俄罗斯分为东、西两部分。东部以高原和山地为主,西部主要是平原和低地。

1. 平原

俄罗斯的平原占领土面积的60%,其中最著名的两大平原是东欧平原和西西伯利亚平原。

(1) 东欧平原。

东欧平原(Восточно-Европейская равнина)位于欧洲东部,总面积约为400万平方千米,是仅次于南美洲亚马孙平原的世界第二大平原。因其大部分在俄罗斯境内,又称其为俄罗斯平原(Русская равнина)。东欧平原北起白海(Белое море)和巴伦支海,南抵黑海、亚速海、里海(Каспийское море)和大高加索山脉,西至斯堪的纳维亚山脉(Скандинавские горы)、中欧山地(горы центральной Европы)、喀尔巴阡山脉(Карпаты),东接乌拉尔山脉。由西到东(从边界到乌拉尔山)距离为1 600千米,由北到南(从北冰洋到大高加索山脉和里海)全长2 400千米。平原其间有丘陵和低地。主要丘陵有中俄罗斯高地(Среднерусская возвышенность)、瓦尔代高地(Валдайская возвышенность)以及伏尔加河沿岸高地(Приволжская возвышенность),平均海拔为300～400米。主要低地有黑海沿岸低地(Причерноморская низменность)、里海沿岸低地(Прикаспийская низменность),平均海拔为100～200米。主要河流有伏尔加河、顿河等。

(2) 西西伯利亚平原。

西西伯利亚平原(Западно-Сибирская равнина)是亚洲第一大平原,世界第三大平原。西西伯利亚平原位于乌拉尔山脉和叶尼塞河之间,北濒北冰洋的喀拉海(Карское море),南达哈萨克丘陵(Казахский мелкосопочник)和阿尔泰山(Алтай)。自西向东(从乌拉尔山到叶尼塞河)全长1 900千米,自北向南(由北冰洋到阿尔泰山)全长2 500千米,总面积约为260万平方千米。自北向南,苔原、森林、森林草原、草原平行分布。西西伯利亚平原比东欧平原更为低平,海拔在150米以下,是世界上最低的平原。西西伯利亚平原大部分地势平坦,湖泊、沼泽众多。鄂毕河、额尔齐斯河(Иртыш)、叶尼塞河等河流灌流其中。

2. 山脉、山地

(1) 山脉。

大高加索山脉(Большой Кавказ)位于俄罗斯欧洲部分黑海和里海之间,大部分为俄罗斯和格鲁吉亚、阿塞拜疆的界山。大高加索山脉从黑海塔曼半岛(Таманский полуостров)延伸至里海阿普歇伦半岛,绵延1 200千米,是亚欧分界线的一部分,山峦重叠。厄尔布鲁士山(Эльбрус)是大高加索山脉最高峰,位于山脉中部,高5 642米,终年积雪。大高加索山脉和小高加索山脉(Малый Кавказ)合称高加索山脉(Кавказские горы)。

乌拉尔山脉(Уральские горы)位于亚欧两洲的分界线上。北起北冰洋喀拉海的拜达拉茨湾,南至哈萨克草原地带,绵延2 500多千米,介于东欧平原和西西伯利亚平原之间。按照地理方位,乌拉尔山脉被划分为极地乌拉尔(Полярный Урал)、极圈乌拉尔(Приполярный Урал)、北乌拉尔(Северный Урал)、中乌拉尔

(Средний Урал)和南乌拉尔(Южный Урал)等部分。山脉平均海拔 500～1 200 米。山体不高,最高峰是纳罗达峰(гора Народная),海拔 1 895 米。乌拉尔山脉矿物资源极为丰富。

(2)山地。

俄罗斯亚洲部分有南西伯利亚山地(Южно-Сибирская возвышенность)、东西伯利亚山地(Восточно-Сибирская возвышенность)和远东山地(Дальневосточная возвышенность)。

南西伯利亚山地主要包括阿尔泰山、萨彦岭(Саяны)、贝加尔湖沿岸山地、斯塔诺夫山脉/外兴安岭(Становой хребет)等。阿尔泰山为最高峰,主峰高 4 506 米。阿尔泰山为中国、俄罗斯、蒙古三国共有的山脉,蕴藏着丰富的金属矿藏。萨彦岭位于南西伯利亚,由西萨彦岭(Западный Саян)和东萨彦岭(Восточный Саян)组成,山间盆地多,蕴藏着丰富的水能资源。斯塔诺夫山脉山势高峻,是北冰洋流域和太平洋流域分水岭的一部分。

东西伯利亚山地西起勒拿河,东到太平洋沿岸分水岭山脉,主要由上扬斯克山脉(Верхоянский хребет)、切尔斯基山脉(хребет Черского)组成,坐落在勒拿河下游及其支流阿尔丹河(Алдан)以东。

远东山地主要包括锡霍特山脉/老爷岭(Сихотэ-Алинь)、朱格朱尔山脉(хребет Джугджур)及中部山脉(Срединный хребет)等。锡霍特山脉介于日本海(Японское море)西岸与阿穆尔河下游及其支流乌苏里江(Уссури)之间。朱格朱尔山脉位于鄂霍次克海(Охотское море)西岸。中部山脉纵贯堪察加半岛(полуостров Камчатка),地热资源丰富。

3. 高原

中西伯利亚高原(Среднесибирское плоскогорье)是俄罗斯西伯利亚中部面积最大的高原。东起勒拿河谷地,西至叶尼塞河谷地,南达东萨彦岭,以及贝加尔沿岸和后贝加尔山脉(хребты Прибайкалья и Забайкалья),北抵北西伯利亚低地(Северо-Сибирская низменность)。在东西伯利亚的萨哈共和国、克拉斯诺亚尔斯克边疆区和伊尔库茨克州境内,面积约 350 万平方千米。最高点普托拉纳山(Путорана)海拔 1 701 米,中部地势平坦。高原蕴藏铜、镍、铁、煤、岩盐、石墨、石油、天然气等矿产资源。水力资源丰富,有安加拉河、勒拿河等河流流经。

三、俄罗斯气候

俄罗斯地域广阔,位于高纬度和中纬度地区,大部分地区处于北温带,以温带大陆性气候为主。气候复杂多样且差异大。在最温暖的月份,极北地区(Крайний

Север)的平均温度是零上1 ℃,里海沿岸低地的平均温度是零上25 ℃,而西伯利亚西南部的平均温度则达到零上40 ℃。在最冷的月份,黑海沿岸(Черноморское побережье)的平均温度为零上6 ℃,而西伯利亚东北地区平均温度为零下50 ℃。

俄罗斯的大部分领土位于欧洲和亚洲的内陆区,属温带大陆性气候。俄罗斯中部是温带大陆性气候,西部是温带草原气候,北部是寒带气候,东部是温带季风气候。亚热带地区十分有限,主要是黑海沿岸北高加索周围一个狭长的地带。

1. 寒带

北冰洋(Северный Ледовитый океан)沿岸及其岛屿地处寒带。寒带从4月到9月为夏季,平均气温0 ℃。夏季的极昼期间太阳全天不落,长达几个月。冬季从9月一直延续到次年4月,平均气温为零下40 ℃。在冬季漫长的极夜里,寒风呼啸,北极光划破夜空。

2. 亚寒带

从寒带南缘到北极圈一带属于亚寒带。这里冬季严寒而漫长,并伴有大风。夏季短暂而凉爽。萨哈共和国境内的奥伊米亚康(Оймякон)最低气温达到零下71 ℃,被称为北半球的寒极(полюс холода Северного полушария)。由于冷空气滞留在山间盆地,奥伊米亚康的气温比北极还低。

3. 温带

从亚寒带南缘至北纬50 ℃左右属于温带。温带有3种不同的气候类型。

(1)温带海洋性气候。

波罗的海沿岸的加里宁格勒州和列宁格勒州由于受大西洋暖流的影响,冬季温暖,夏季凉爽、湿润而多雨,属温带海洋性气候。

(2)温带大陆性气候。

由于大西洋海风的逐渐减弱和地势的变化,大陆性气候自西向东逐渐显著。冬夏温差较大,降雨量明显减少。俄罗斯平原属温和的大陆性气候,西西伯利亚(Западная Сибирь)和东西伯利亚(Восточная Сибирь)是典型的温带大陆性气候。

(3)温带季风气候。

太平洋沿岸及其岛屿属于温带季风气候。冬季寒冷干燥。夏季湿润多雨,降水量可达1 000多毫米。春季多风。秋季天气晴朗,干燥温暖,是该气候带最好的季节。

4. 亚热带

俄罗斯的亚热带集中在黑海沿岸地带。由于大高加索山脉阻断了来自北方和东北方的冷空气,同时黑海对温度起着调节作用,使得黑海沿岸的气候终年温暖湿润,夏季30~35 ℃,冬天的平均气温为8~10 ℃,全年平均相对湿度都在70%~80%。索契是俄罗斯冬季最温暖的地方,也是地球上最北端唯一一个属于亚热带气候的地区。

四、俄罗斯河流

俄罗斯境内河流众多,共有280万条河流,河流总长度为800多万千米。河流水流量仅次于巴西,居世界第2位。长度超1 000千米的河流有40多条,主要有:鄂毕河、勒拿河、叶尼塞河、伯朝拉河、北德维纳河、阿穆尔河、伏尔加河和顿河等。

1. 流入北冰洋的河流

(1) 鄂毕河。

鄂毕河(Обь)由源于阿尔泰山的卡通河(Катунь)与比亚河(Бия)汇合而成,由南向北,流经西西伯利亚平原,注入北冰洋喀拉海的鄂毕湾。从额尔齐斯河位于阿尔泰山中国部分的源头算起全长5 410千米,鄂毕河在俄罗斯境内长度为3 650千米,流域面积299万平方千米,水流量在俄罗斯河流中居第3位。鄂毕河上游水流急、落差大,为水力发电提供了良好的条件,已建成3座大型水电站。新西伯利亚水库(Новосибирское водохранилище)就建在这里。鄂毕河中游河面急剧加宽,水流缓慢。中游地区的自然资源丰富,蕴藏石油、天然气、铁和有色金属,还有珍贵毛皮动物和鱼类。鄂毕河下游水量充沛,流到极地后形成鄂毕河三角洲。鄂毕河河网密布,支流众多,主流、支流都是运输航道。

(2) 勒拿河。

勒拿河(Лена)是俄罗斯境内的河流,东西伯利亚最大的河流,发源于贝加尔山脉(Байкальский хребет)西北麓,流经东西伯利亚大部分地区,最后注入北冰洋边缘的拉普捷夫海(море Лаптевых),全长4 400千米,流域面积249万平方千米。勒拿河水量在俄罗斯河流中占第2位。勒拿河流经伊尔库茨克州和萨哈共和国,部分支流流经外贝加尔边疆区、克拉斯诺亚尔斯克边疆区、哈巴罗夫斯克边疆区、布里亚特共和国和阿穆尔州。勒拿河是世界上最大的水域完全在永久冻土区内的河流。勒拿河水力资源丰富,但开发不够,上游流速快,河道曲折,不利于航行。中下游的航运对东西伯利亚地区的开发起到重要作用。

(3) 叶尼塞河。

叶尼塞河(Енисей)是东西伯利亚最大的河流,由大叶尼塞河(Большой Енисей)和小叶尼塞河(Малый Енисей)在图瓦山地汇合而成,注入喀拉海。从小叶尼塞河河源计起全长4 287千米,水量在俄罗斯河流中居第一位。上游水流湍急,建有萨彦舒申斯克水电站。中游河床宽窄变化不一,流速有急有缓,建有克拉斯诺亚尔斯克水电站。下游沿岸没有铁路,交通运输几乎全靠这条水路。叶尼塞河的支流安加拉河从贝加尔湖(Байкал)流出,它使叶尼塞河的水量几乎增加一倍。安加拉河中游已建成布拉茨克水电站和乌斯季伊利姆斯克水电站。

(4)伯朝拉河。

伯朝拉河(Печора)位于俄罗斯欧洲部分东北部,在科米共和国和涅涅茨自治区境内。河流发源于北乌拉尔(Северный Урал),注入巴伦支海,全长1 809千米,流域面积32.2万平方千米。伯朝拉河流域为低地,地下蕴藏煤炭资源,地上有森林覆盖。伯朝拉河航运发达,是俄罗斯欧洲部分东北部最大的港口之一,渔业较发达。

(5)北德维纳河。

北德维纳河(Северная Двина)位于俄罗斯欧洲部分北部,由苏霍纳河(Сухона)和尤格河(Юг)汇合而成,注入白海,形成三角洲。从苏霍纳河河源算起,全长744千米,流域面积35.7万平方千米。北德维纳河流域河网发达,支流众多,沿岸木材采伐量高,货运以木材为主。

2. 流入太平洋的河流

阿穆尔河①(Амур)上游和中游为中国与俄罗斯的界河,下游在俄罗斯境内。由额尔古纳河(Аргунь)和石勒喀河(Шилка)汇合而成,注入鄂霍次克海。从额尔古纳河河源算起全长2 824千米。

从源头至布拉戈维申斯克为上游,河道弯曲,水流湍急,沿岸人口稀少,但可通航。从布拉戈维申斯克到哈巴罗夫斯克为中游,流速较慢,左岸有结雅河和布列亚河(Бурея)两大支流注入,右岸有松花江(Сунгари)和乌苏里江两大支流注入。哈巴罗夫斯克以下为下游,水量充沛,有河港城市阿穆尔河畔共青城(Комсомольск-на-Амуре)。全河通航,是俄罗斯远东地区的主要河运干线。阿穆尔河渔产丰富。

3. 流入里海的河流

伏尔加河(Волга)是俄罗斯欧洲部分的河流,发源于莫斯科以北的瓦尔代高地,自北向南,汇集约200条支流,流入里海,形成三角洲。伏尔加河是欧洲第一大河,全长3 530千米,流域面积136.1万平方千米。伏尔加河两岸工农业发达,人口稠密,被誉为"俄罗斯的母亲河"(река-матушка России)。伏尔加河宽水深,航运发达。经伏尔加河-波罗的海水道(Волго-Балтийский водный путь)通往波罗的海;经伏尔加河-顿河运河(Волго-Донской судоходный канал)可达亚速海和黑海;经北德维纳水系和白海-波罗的海运河(Беломорско-Балтийский канал)

---

① 我国称为黑龙江。

与白海相通;经莫斯科运河(Канал имени Москвы)可达莫斯科。伏尔加河畔主要城市有下诺夫哥罗德、喀山、乌里扬诺夫斯克、萨马拉、萨拉托夫、伏尔加格勒、阿斯特拉罕等。奥卡河河口以上为上游,奥卡河河口至卡马河(Кама)河口为中游,卡马河河口以下为下游。伏尔加河水量充沛,河上建有梯级水电站和水库。伏尔加河景色秀丽,沿岸有许多旅游区和疗养地。

4. 流入亚速海的河流

顿河(Дон)发源于中俄罗斯高地,流经东欧平原,注入亚速海。顿河长1 870千米,流域面积为42.2万平方千米。上游峡谷多,河床窄,曲折迂回。中游河床变宽,多河滩、湖沼。下游河床变得又宽又深,水量很大,但流速缓慢。顿河上建有齐姆良水库(Цимлянское водохранилище)和齐姆良水电站(Цимлянская ГЭС)。从顿河乘船经伏尔加河-顿河运河可至伏尔加河各港,并通往里海。顿河沿岸较大的城市有沃罗涅日和顿河畔罗斯托夫,顿河畔罗斯托夫是主要港口。

五、俄罗斯湖泊

俄罗斯湖泊众多,有200多万个湖泊,湖泊总面积约35万平方千米(除里海以外),储水量2.6万立方千米。贝加尔湖、拉多加湖和奥涅加湖是俄罗斯最具代表性的三大湖,它们蕴藏了俄罗斯将近90%的湖水。

1. 贝加尔湖

贝加尔湖(Байкал)位于东西伯利亚高原(Восточно-Сибирское нагорье)南部,面积3.17万平方千米。贝加尔湖蓄水量为2.36万立方千米,占俄罗斯湖水总储量的4/5,约占全世界淡水储量的1/5。贝加尔湖全长636千米,平均宽度48千米,湖水清澈透明,含杂质少。贝加尔湖最深处为1 642米,是世界上最深的淡水湖。贝加尔湖为高山湖,湖面海拔456米。336条河注入该湖,只有安加拉河流出。湖中动植物群极为庞大,其中3/4为贝加尔湖独有。贝加尔湖群山环抱,风景宜人,渔产丰富。沿湖有许多温泉、矿泉,是俄罗斯的旅游休养胜地。

2. 拉多加湖

拉多加湖(Ладожское озеро)位于俄罗斯欧洲部分西北部,在卡累利阿共和国和列宁格勒州境内。面积1.79万平方千米,蓄水量838立方千米,南北长219千米,最宽处是125千米,是欧洲第一大湖。40多条河流汇入拉多加湖,只有涅瓦河从拉多加湖流出,注入波罗的海。拉多加湖可通往白海、波罗的海和伏尔加河,交通方便。湖水冰冷,风大浪高,有丰富的鱼类资源。

3. 奥涅加湖

奥涅加湖(Онежское озеро)位于俄罗斯欧洲部分西北部,80%在卡累利阿共和国境内,20%在列宁格勒州和沃洛格达州境内。奥涅加湖属于大西洋波罗的海(Балтийское море Атлантического океана)流域,面积9 720平方千米,蓄水量285立方千米,南北长245千米,最宽处是91.6千米,是欧洲第二大湖。共有50多条河流注入奥涅加湖,只有斯维里河(Свирь)流出,通拉多加湖。由奥涅加湖可通往白海、波罗的海和伏尔加河。货轮可直达芬兰、瑞典、丹麦和德国。

4. 泰梅尔湖

泰梅尔湖(озеро Таймыр)位于克拉斯诺亚尔斯克边疆区的泰梅尔半岛,是泰梅尔自然保护区的一部分。泰梅尔湖是俄罗斯亚洲部分继贝加尔湖之后的第二大湖,总面积4 560平方千米,是淡水湖。泰梅尔湖封冻时间长,从每年9月至第二年7月都是封冻期,平均无冰期只有73天。泰梅尔湖周围是人烟稀少的极北地区,沿岸尚未开发。

六、俄罗斯的海、岛屿、群岛和半岛

1. 海

俄罗斯濒临12个海和1个湖。

濒临各海中,位于北冰洋(Северный Ледовитый океан)区域的有巴伦支海、白海、喀拉海、拉普捷夫海、东西伯利亚海和楚科奇海。

濒临各海中,位于太平洋(Тихий океан)区域的有白令海、鄂霍次克海和日本海。

濒临各海中,位于大西洋(Атлантический океан)区域的有波罗的海、黑海、亚速海。

俄罗斯濒临的湖为里海①。

(1)巴伦支海。

巴伦支海(Баренцево море)是北冰洋的边缘海,位于北冰洋与大西洋的交界处。巴伦支海西起挪威的熊岛一线,东接俄罗斯的新地岛(Новая Земля),南达挪威北部和俄罗斯欧洲部分北部,北至挪威的斯瓦尔巴群岛和俄罗斯的法兰士约瑟夫地群岛(Земля Франца-Иосифа),面积142.4万平方千米,最深处600米。巴伦支海虽位于北极圈内,但由于大西洋暖流涌来,西南部冬季不结冰,夏季只有北部

---

① 里海虽称海,但却是一个巨大的内陆咸水湖,因为其面积足够大,以及其性质偏向于海水,如颜色、海滩等,俄罗斯将其称为海。

结冰。巴伦支海具有重要的航运意义。巴伦支海是世界著名的捕鱼区。

(2)白海。

白海(Белое море)是俄罗斯欧洲部分的内海(внутреннее море),北面与巴伦支海相连,其他三面是大陆。白海是俄罗斯临海中面积最小的海之一(仅亚速海排在其后),面积9万平方千米,最深处343米,蓄水量4 400立方千米。白海地区土地肥沃,森林茂密,河网稠密,是俄罗斯欧洲部分北部的重要水上通道,经河流、湖泊及运河与里海、黑海、亚速海、波罗的海相连,又可以通往巴伦支海,地理位置十分重要。

(3)喀拉海。

喀拉海(Карское море)是北冰洋的边缘海,濒临西伯利亚北岸,在新地岛、法兰士约瑟夫地群岛和北地群岛(Северная Земля)之间,面积89.3万平方千米,最深处620米。喀拉海是俄罗斯最冷的海之一,由于新地岛挡住了大西洋暖流,这里海水温度比巴伦支海还要低,一年里大部分时间结冰,有"冰袋"(ледяной мешок)之称。鄂毕河和叶尼塞河注入喀拉海。喀拉海鱼类丰富。

(4)拉普捷夫海。

拉普捷夫海(море Лаптевых)为北冰洋的边缘海,南临西伯利亚北部沿海,西达泰梅尔半岛和北地群岛,东接新西伯利亚群岛(Новосибирские острова),面积67.2万平方千米。拉普捷夫海气候严寒,结冰期长达9个月以上,借助破冰船才能航行。拉普捷夫海是为纪念俄罗斯极地考察员拉普捷夫兄弟而得名。

(5)东西伯利亚海。

东西伯利亚海(Восточно-Сибирское море)位于新西伯利亚群岛和弗兰格尔岛(Врангель)之间,面积94.5万平方千米,最深处915米,平均深度66米,是俄罗斯北部最浅的海。东西伯利亚海沿岸行政区域隶属萨哈共和国和楚科奇自治区。东西伯利亚海全年大部分时间结冰,一年只有8~9月可以通航。

(6)楚科奇海。

楚科奇海(Чукотское море)位于俄罗斯楚克奇半岛和美国阿拉斯加州之间。在弗兰格尔岛和波弗特海之间,南经白令海峡(Берингов пролив)与太平洋相通。楚科奇海面积62万平方千米,56%的水域深度小于50米,最深处1 256米。夏季水温为4~12 ℃,冬季水温为零下1.6~1.8 ℃。楚科奇海结冰期长,每年7~10月可以航行。

(7)白令海。

白令海(Берингово море)位于太平洋北部,西起俄罗斯远东地区,东至美国的阿拉斯加州,南达俄罗斯的科曼多尔群岛(Командорские острова)和美国的阿留申群岛。白令海面积231万平方千米,平均深度1 640米,最深处4 420米,蓄水量 380 立方千米。白令海通过白令海峡与北冰洋相连。白令海渔业较发达。

(8) 鄂霍次克海。

鄂霍次克海(Охотское море)西临远东地区和萨哈林岛(Сахалин),东至堪察加半岛,南抵日本的北海道。鄂霍次克海面积 160.3 万平方千米,平均深度 821 米,最深处 3 916 米。鄂霍次克海的浮游生物众多,鱼类资源极为丰富,盛产鲑鱼、鲱鱼、明太鱼、宽突鳕鱼及各种海产品,是俄罗斯重要的捕鱼区。鄂霍次克海结冰期较长,秋季多大风,主要港口有马加丹、阿扬、鄂霍次克。

(9) 日本海。

日本海(Японское море)西起欧亚大陆(Евразия)的俄罗斯、朝鲜和韩国,东至日本列岛和萨哈林岛。日本海北通鄂霍次克海,南通东海,东通太平洋,是重要的国际航运通道。日本海面积 106.2 万平方千米,最深处 3 742 米。冬季只有北部结冰,为著名捕鱼区。

(10) 波罗的海。

波罗的海(Балтийское море)是欧亚大陆的内陆海,濒临北欧、中欧沿岸。波罗的海面积 41.9 万平方千米,蓄水量 2.15 万立方千米。波罗的海最北端临近北极圈,最南端到德国的维斯马市,最西端是德国弗伦斯堡市,最东端是圣彼得堡。波罗的海经丹麦海峡与北海相通,是俄罗斯船只进入大西洋的最近通道。波罗的海流入欧洲大陆深处,临接俄罗斯、爱沙尼亚、拉脱维亚、立陶宛、波兰、德国、丹麦、瑞典、芬兰。波罗的海盛产鱼类。

(11) 黑海。

黑海(Черное море)位于欧洲和小亚细亚之间,面积 42.2 万平方千米,平均深度 1 240 米,最深处 2 210 米,蓄水量 55.5 万立方千米。经刻赤海峡(Керченский пролив)和亚速海相通,经博斯普鲁斯海峡及达达尼尔海峡与地中海(Средиземное море)相通。黑海气候温和,航运发达。黑海沿岸有许多疗养区,俄罗斯的索契为黑海沿岸的著名疗养地。

(12) 亚速海。

亚速海(Азовское море)是大西洋欧洲东部的半封闭海,濒临俄罗斯欧洲部分南部,平均深度约 7.4 米,最深处不超过 13.5 米,是世界上最浅的海。亚速海面积 3.9 万平方千米,是俄罗斯临海中面积最小的海。亚速海经刻赤海峡和黑海相通。亚速海渔业发达。

2. 里海

里海(Каспийское море)是世界上最大的封闭水体(замкнутый водоем),最大的内陆湖(бессточное озеро),又被称为世界上最大的咸水湖。因其面积和水质具有海洋性特征,俄罗斯将其称之为海,并将其归为俄罗斯濒临的海洋之一。里海位于中亚西部和欧洲东南端,高加索山脉以东。里海西部为高加索山脉,东北部为哈萨克斯坦,东南部为土库曼斯坦,西南部为阿塞拜疆,西北部为俄罗斯,南岸在伊朗境内。里海面积39万平方千米,最深处1 025米。里海蕴藏着丰富的石油和天然气。里海航运发达,经过伏尔加河－顿河运河可以到达亚速海、黑海、地中海和其他大洋。阿斯特拉罕和马哈奇卡拉为俄罗斯里海沿岸主要港口。里海盛产鱼类。

3. 岛屿、群岛和半岛

俄罗斯有大小岛屿4 000多个,面积大于1 000平方千米的岛屿主要分布在大西洋、北冰洋和太平洋。

(1) 新地岛。

新地岛(Новая Земля)位于巴伦支海与喀拉海之间,自西南向东北延伸约1 000千米。新地岛由南岛、北岛和许多小岛组成,面积8.26万平方千米。新地岛气候严寒,约1/4被冰川覆盖。

(2) 弗兰格尔岛。

弗兰格尔岛(Врангель)位于东西伯利亚海和楚科奇海之间,面积约7 670平方千米。弗兰格尔岛气候严寒,周围海域常年结冰。岛上居住的因纽特人和楚科奇人以捕海兽和养驯鹿为生。弗兰格尔岛为自然保护区,有北极熊、海象等动物。

(3) 萨哈林岛。

萨哈林岛(Сахалин)位于鄂霍次克海和日本海的鞑靼海峡(Татарский пролив)之间,面积7.64万平方千米。萨哈林岛矿物资源丰富,蕴藏石油、天然气、有色金属等。萨哈林岛60%的地区被森林覆盖,岛上风景优美,主要城市有南萨哈林斯克、奥哈等。

(4) 法兰士约瑟夫地群岛。

法兰士约瑟夫地群岛(Земля Франца-Иосифа)位于巴伦支海以北,是俄罗斯也是世界上最北部的陆地。法兰士约瑟夫地群岛面积1.61万平方千米,由大小191个岛屿组成。法兰士约瑟夫地群岛气候严寒,85%以上地区被冰雪覆盖,无定居居民。

(5) 北地群岛。

北地群岛(Северная Земля)位于喀拉海和拉普捷夫海之间。北地群岛由4个大岛和70余个小岛组成,面积3.76万平方千米。北地群岛气候严寒,48%的地区被冰雪覆盖。

(6) 新西伯利亚群岛。

新西伯利亚群岛(Новосибирские острова)位于东西伯利亚海和拉普捷夫海之间,面积3.84万平方千米,由3组岛屿组成。新西伯利亚群岛为典型的极地气候,严寒、风大,植被稀薄,主要动物有北极狐、驯鹿等。

(7)科拉半岛。

科拉半岛(Кольский полуостров)位于白海与巴伦支海之间,面积约10万平方千米。科拉半岛几乎全部覆盖着沼泽冻土,冬季寒冷漫长,夏季短暂凉爽。科拉半岛河流、湖泊众多,水力资源丰富。科拉半岛蕴藏着丰富的磷灰石、铝土矿等,希比内矿区(Хибинские месторождения)为世界上最大的磷灰石矿区。科拉半岛北端的摩尔曼斯克港是俄罗斯北部唯一的不冻港。

(8)泰梅尔半岛。

泰梅尔半岛(полуостров Таймыр)位于欧亚大陆最北端,与北地群岛隔海相望。泰梅尔半岛长约1 000千米,面积约40万平方千米。泰梅尔半岛地势中间高,四周低,气候酷寒,人烟稀少,植被以苔原为主。泰梅尔半岛蕴藏着丰富的煤炭资源。

(9)楚科奇半岛。

楚科奇半岛(Чукотский полуостров)位于欧亚大陆最东端,隔白令海峡与美国阿拉斯加州相望,面积4.9万平方千米。楚科奇半岛冬季漫长,寒冷,多风暴;夏季短暂而凉爽。楚科奇半岛地貌以山地为主,人烟稀少,主要居民是楚科奇人,以养驯鹿和捕海兽为生。

(10)堪察加半岛。

堪察加半岛(полуостров Камчатка)位于俄罗斯远东地区,白令海和鄂霍次克海之间。堪察加半岛长1 200千米,面积约37万平方千米。半岛内2/3是山地,是俄罗斯的火山区。堪察加半岛最高点是海拔4 750米的克柳切夫火山(Ключевская Сопка)。堪察加半岛有温泉和间歇泉。堪察加半岛气候寒冷,人烟稀少,自然资源丰富,森林覆盖率为40%,有水产资源,矿藏有煤炭、石油、铜、金等。

七、俄罗斯自然资源

俄罗斯是世界上面积最大的国家,自然资源十分丰富。

1.土地资源

俄罗斯地域辽阔,国土资源丰富,但由于北部气候寒冷,荒漠带及半荒漠带、苔原带、森林带及沼泽带占相当大的面积,可用于农耕的土地仅占其国土的20%左右。

俄罗斯有超过4/5的耕地都分布在伏尔加河沿岸中部、北高加索、乌拉尔和西西伯利亚地区。种植业以生产谷物、亚麻、甜菜、马铃薯、向日葵等为主。俄罗斯欧洲部分的中部、南部和拥有大面积垦荒地的西西伯利亚南部为主要农业区。畜牧业包括养牛业、养猪业、养羊业、养禽业、养鹿业等。西伯利亚和远东的极北地区(Крайний Север)饲养驯鹿,滨海边疆区和克拉斯诺亚尔斯克边疆区南部等地饲养梅花鹿、马鹿。

2. 森林资源

俄罗斯是世界森林工业大国,森林资源丰富。俄罗斯森林覆盖面积位居世界第1位,约8.09亿公顷,约占世界森林总面积的1/5。主要的树种有云杉、冷杉、落叶松、橡树、白桦、山毛榉、槭树、椴树等。

俄罗斯森林资源主要分布在西伯利亚地区和远东各联邦区。木材加工工业分布在林区附近和运送木材方便的大河河口、河流和铁路干线的交汇处、海港等地,如北德维纳河河口的阿尔汉格尔斯克,伏尔加河上的伏尔加格勒与萨马拉,叶尼塞河上的伊加尔卡,西伯利亚大铁路上的新西伯利亚、克拉斯诺亚尔斯克、伊尔库茨克和符拉迪沃斯托克等。

机械加工木材主要有制材锯木、成品加工(木质房屋、家具)、胶合板、刨花板等。布拉茨克、叶尼塞斯克和阿穆尔斯克等地建有森林工业综合企业,对木材进行综合利用。

3. 水资源

俄罗斯是一个水资源丰富的国家,有大小河流280万条。除了数量众多的河流,俄罗斯还有贝加尔湖等水量可观的淡水湖,淡水资源十分丰富。仅贝加尔湖的淡水储量就占世界淡水总储量的近1/5。

俄罗斯濒临12个海,海洋水产资源丰富,主要有鳕鱼、鲱鱼、沙丁鱼等鱼类,此外,还有软体动物和虾、蟹、海藻等海洋动植物资源。北冰洋沿岸的海兽也是珍贵的水产资源。太平洋各海渔产丰富,是世界上最大的海蟹产区。

俄罗斯的水力资源丰富,占世界的1/15。俄罗斯亚洲部分的水力资源占全俄80%以上。大型水电站主要集中在东西伯利亚地区。

4. 石油和天然气

俄罗斯拥有丰富的石油和天然气资源。俄罗斯石油储量占世界第7位,开采量居世界第2位。天然气储量占世界第1位,开采量居世界第2位。

俄罗斯主要的石油和天然气分布地区有:西西伯利亚油气区(Западно-Сибирская нефтегазоносная провинция)、季曼－伯朝拉油气区(Тимано-Печорская нефтегазоносная провинция)、伏尔加－乌拉尔油气区(Волго-Уральская нефтегазоносная провинция)、里海沿岸油气区(Прикаспийская нефтегазоносная провинция)、北高加索－曼格什拉克油气区(Северо-Кавказско-Мангышлакская нефтегазоносная провинция)、叶尼塞－阿纳巴尔油气区(Енисейско-Анабарская газонефтеносная провинция)、勒拿－维柳伊油气区(Лено-Вилюйская газонефтеносная провинция)、鄂霍次克油气区(Охотская нефтегазоносная провинция)、波罗的海油气区(Балтийская нефтегазоносная область)、阿纳德尔油气区(Анадырская нефтегазоносная область)、东堪察加油气区(Восточно-Камчатская нефтегазоносная область)。

5. 煤炭

俄罗斯煤炭储量占世界第2位,仅次于美国,主要煤田有库兹涅茨克煤田/库兹巴斯(Кузнецкий угольный бассейн,简称 Кузбасс)、伯朝拉煤田(Печорский угольный бассейн)、南雅库特煤田(Южно-Якутский угольный бассейн)、顿涅茨煤田(Донецкий угольный бассейн)等。

6. 铁矿

俄罗斯已探明铁矿石总储量占世界第1位。俄罗斯铁矿主要蕴藏在库尔斯克地磁异常区、卡累利阿、乌拉尔、西西伯利亚、东西伯利亚等地。

7. 有色金属

俄罗斯的金(золото)储量与加拿大同位于世界第4位,仅次于南非共和国、美国和澳大利亚,主要蕴藏在远东的马加丹州、萨哈共和国、东西伯利亚的外贝加尔边疆区和西西伯利亚的阿尔泰边疆区。主要金矿有东西伯利亚的博代博金矿(Бодайбинское месторождение золота)和远东地区的贝阿铁路金矿(Бамское золоторудное месторождение)。

俄罗斯的银(серебро)储量居世界第1位,主要分布在乌拉尔、远东滨海边疆区等地。

俄罗斯的铂(платина)储量居世界前列,主要分布在诺里尔斯克地区。

俄罗斯的铜(медь)储量在世界上占有重要地位,主要分布在乌拉尔、东西伯利亚等地。其中位于外贝加尔边疆区的乌多坎铜矿(Удоканский рудный район)是俄罗斯最大的铜矿。

俄罗斯的镍(никель)探明储量居世界前列,主要分布在东西伯利亚北部的诺里尔斯克。此外,科拉半岛也有镍矿。

8. 非金属矿物

俄罗斯的非金属矿物种类繁多。俄罗斯的钾盐储量居世界前列,乌拉尔的上卡马钾盐矿(Верхнекамское месторождение калийных солей)是世界最大的钾盐矿。俄罗斯的磷灰岩和磷灰石储量可观,科拉半岛的希比内矿区是世界最大的磷灰石矿。萨哈共和国是俄罗斯最大的金刚石产地。

此外,俄罗斯还有丰富的硫酸盐、大理石等非金属矿物。

八、俄罗斯交通

俄罗斯运输体系是世界上最庞大的交通网络之一,拥有铁路 8.7 万千米,公路 74.5 万千米,航空运输线 60 万千米,石油管道运输线 7 万千米,天然气管道运输线 14 万千米,河运线路 11.5 万千米和更多的海运线路。

交通运输业是俄罗斯国民经济的重要组成部分。客运运输以铁路运输为主要方式,占 33.2%,公路运输占 33.0%,航空运输占 18.6%,河流和海洋运输分别占 14.5% 和 0.7%。

1. 铁路运输

目前,俄罗斯 85 个联邦主体中有 80 个拥有铁路运输线,只有阿尔泰共和国、图瓦共和国、堪察加边疆区、马加丹州、楚科奇自治区没有开通铁路。

俄罗斯 75% 的铁路线分布在俄罗斯欧洲部分,以莫斯科、圣彼得堡、下诺夫哥罗德、萨马拉、伏尔加格勒等城市为枢纽,形成稠密的铁路网。以莫斯科为中心的主要干线有:莫斯科—拉脱维亚的里加、莫斯科—白俄罗斯的明斯克、莫斯科—圣彼得堡—摩尔曼斯克、莫斯科—阿尔汉格尔斯克、莫斯科—雅罗斯拉夫尔—彼尔姆—叶卡捷琳堡—鄂木斯克—新西伯利亚—克拉斯诺尔斯克—伊尔库茨克—乌兰乌德—赤塔—哈巴罗夫斯克—符拉迪沃斯托克、莫斯科—喀山—叶卡捷琳堡、莫斯科—萨马拉—车里雅宾斯克等。

(1) 西伯利亚大铁路。

俄罗斯亚洲部分的铁路线路呈东西走向,线路覆盖密度不大。俄罗斯最长的铁路是西伯利亚大铁路(Транссибирская железнодорожная магистраль)。

西伯利亚大铁路[①]始建于 1891 年,1916 年通车。铁路西起莫斯科雅罗斯拉夫尔火车站(Ярославский вокзал в Москве),经梁赞、萨马拉、车里雅宾斯克、鄂木斯克、新西伯利亚、伊尔库茨克、赤塔、哈巴罗夫斯克,东到符拉迪沃斯托克,总长 9 288.2 千米[②],是目前世界上最长的铁路。

西伯利亚大铁路将俄罗斯的欧洲部分、西伯利亚、远东地区连接起来。铁路共

---

① 历史上西伯利亚大铁路是指"车里雅宾斯克—符拉迪沃斯托克"这一段铁路。车里雅宾斯克以西,于 19 世纪中期建成;以东长 7 416 千米,于 1891 年始建,1916 年全线通车。

② "9288 纪念碑"在符拉迪沃斯托克火车站站台上,是为了纪念被称为"世界第十二大奇迹"的西伯利亚大铁路而建。碑高 4 米左右,高高的尖顶上安放着俄罗斯双头鹰国徽。黑色大理石上镶嵌着"9288"4 个黄灿灿的数字,标志着横贯欧亚两大洲的西伯利亚大铁路的终点与首都莫斯科的距离是 9 288 千米。

跨越7个时区、21个联邦主体的87个城市。铁路设计速度80千米每小时,从莫斯科到达符拉迪沃斯托克需要6天6夜的时间。

(2)贝加尔—阿穆尔铁路。

贝加尔—阿穆尔铁路(Байкало-Амурская магистраль,БАМ),简称"贝阿铁路",是俄罗斯东西伯利亚与太平洋沿岸的第二条铁路,全长4 324千米。贝阿铁路西起西伯利亚大铁路上的泰舍特(Тайшет),经勒拿河畔的乌斯季库特(Усть-Кут)、贝加尔湖北端的北贝加尔斯克(Северобайкальск)、外贝加尔边疆区的恰拉(Чара)、阿穆尔州的腾达(Тында)、哈巴罗夫斯克边疆区的乌尔加尔(Ургал)、阿穆尔河畔共青城,东至苏维埃港(Советская Гавань)。

2. 海洋运输

海洋运输在国际货运周转中起到重要的作用,俄罗斯邻近三大洋,海岸线长约4.2万千米。主要港口有黑海沿岸的新罗西斯克(Новороссийск)、图阿普谢(Туапсе);亚速海沿岸的塔甘罗格(Таганрог);波罗的海沿岸的圣彼得堡、加里宁格勒、波罗的斯克(Балтийск)、维堡(Выборг);巴伦支海沿岸的摩尔曼斯克;白海沿岸的阿尔汉格尔斯克;日本海沿岸的瓦尼诺(Ванино)、符拉迪沃斯托克、纳霍德卡(Находка)、东方港(Порт Восточный)等。

3. 内河运输

俄罗斯河网稠密,但是很多河流的封冻期长,影响了内河运输在国民经济中的作用。在铁路少或无铁路的西伯利亚及远东地区,内河运输起主导作用。

欧洲部分的伏尔加河-卡马河流域是俄罗斯主要的内河运输线,占河运货物船只运转量的40%。伏尔加河是俄罗斯欧洲部分的河运枢纽,4条运河将伏尔加河与顿河以及黑海、亚速海、里海、波罗的海和白海连成一体,使莫斯科成为直通5海的港口。欧洲内河运输的河流还有北德维纳河及其支流苏霍纳河、奥涅加河、斯维里河和涅瓦河等。

西伯利亚地区的内河运输河流有叶尼塞河、勒拿河、鄂毕河,以及它们的支流。这些河流主要运送石油、天然气、木材、生产和生活物资船只。河运对西伯利亚地区有重要的意义,尤其是在铁路运输不发达地区。叶尼塞河下游港口有杜金卡(Дудинка)和伊加尔卡(Игарка),这两个河港可通行海运船只。

远东地区主要的河运航线是阿穆尔河,河流全线通航。

4. 航空运输

俄罗斯的航空运输主要以客运、货运和紧急医疗救援为主。主要的航空运输中心有莫斯科、圣彼得堡、北高加索疗养地、叶卡捷琳堡、新西伯利亚、伊尔库茨克、哈巴罗夫斯克、符拉迪沃斯托克、托木斯克等。首都莫斯科是全俄最大的航空运输中心,莫斯科航空枢纽的客运量占全俄客运量的80%。目前,俄罗斯已经开通了到达世界100多个国家首都和大城市的国际航线。

莫斯科与俄罗斯所有主体的行政中心均有航线,东部航线:莫斯科—伊尔库茨克—哈巴罗夫斯克—符拉迪沃斯托克;东南部航线:莫斯科—阿斯特拉罕—马哈奇卡拉;西北部航线:莫斯科—圣彼得堡;北部航线:莫斯科—阿尔汉格尔斯克—摩尔曼斯克。

在地域辽阔、交通不便的西伯利亚与远东地区,航空客运显得尤其重要。萨哈共和国、堪察加边疆区、萨哈林州、马加丹州的民航还承担部分货运任务。

5. 管道运输

俄罗斯的管道运输(трубопроводный транспорт)开始于20世纪50年代,主要用于运输原油(сырая нефть)、天然气(природный газ)和伴生气(попутный нефтяной газ)等。

俄罗斯最著名的天然气运输管道是北溪天然气管道,包含北溪一号(Северный поток-1)和北溪二号(Северный поток-2)两条平行管道。北溪一号从俄罗斯列宁格勒州的维堡起步,穿越波罗的海一直到德国的格赖夫斯瓦尔德(Грайфсвальд),全长1 224千米。北溪二号从俄罗斯列宁格勒州的乌斯季卢加(Усть-Луга)起步,穿越波罗的海同样到达德国的格赖夫斯瓦尔德,全长1 234千米。

九、俄罗斯主要城市

目前,俄罗斯共有城市[①]1 100多个。截至2022年,俄罗斯新增一个百万人口城市——克拉斯诺达尔,至此俄罗斯超过一百万人口的城市共有16个。其中,莫斯科人口1 300万,圣彼得堡人口560万,其他14个超百万人口(100～200万之间)的城市分别是新西伯利亚、叶卡捷琳堡、喀山、下诺夫哥罗德、车里雅宾斯克、克拉斯诺亚尔斯克、萨马拉、乌法、顿河畔罗斯托夫、鄂木斯克、克拉斯诺达尔、沃罗涅日、彼尔姆和伏尔加格勒(按人口数量排列)。俄罗斯城市划分标准见表2.1。

表2.1 俄罗斯城市划分标准

城市类型	人口规模/万人	城市数量/个
小城市(малые города)	5	768
中等城市(средние города)	5～10	167

---

① 俄罗斯的城市标准是人口超过1.2万,但很多地方因为历史悠久,即使人口不达标也被称作城市,如金环旅游线路上的城市苏兹达尔(Суздаль)人口9 300人。

续表 2.1

城市类型	人口规模/万人	城市数量/个
大城市(большие города)	10～25	92
超大城市(крупные города)	25～100	81
特大城市(крупнейшие города)	100 以上	16

1. 莫斯科

莫斯科(Москва)是俄罗斯的首都、莫斯科州(Московская область)的行政中心(部分),是俄罗斯的政治、经济、文化、金融、交通中心以及最大的综合性城市,是一座国际化的大都市。莫斯科位于莫斯科河(Москва-река)两岸。1147 年建立,其奠基人是尤里·多尔戈鲁基(Юрий Долгорукий)。15 世纪中期莫斯科成为俄国首都和最大工商业中心,直到 18 世纪初。1712 年彼得大帝迁都圣彼得堡,但莫斯科仍是俄罗斯最大的经济、政治和文化中心,发挥着俄国第二都城的作用。1755 年建立俄国第一所综合性大学——莫斯科国立大学。1812 年拿破仑率领的法军占领莫斯科后,城市在大火中焚毁,但很快又重新建设起来。

红场[①](Красная площадь)是莫斯科中心广场,紧挨着克里姆林宫(Кремль)。克里姆林宫是莫斯科的核心,炮王(Царь-пушка)和钟王(Царь-колокол)位于其中。

米宁和波扎尔斯基纪念碑(Памятник Минину и Пожарскому)是莫斯科古老的雕塑纪念碑之一。它位于红场的中央,建于 1818 年,是为纪念 1612 年俄罗斯爱国者、反抗波兰侵略者的战斗英雄库兹马·米宁和德米特里·波扎尔斯基而建的[②]。

1965 年莫斯科获"英雄城市"[③](город-герой)称号。

---

① 红场意为"美丽的广场",在古俄语中 красный 意为"美丽的"。

② 为纪念此事件,俄罗斯 11 月 4 日庆祝人民团结日(День народного единства),放假一天。

③ 俄罗斯有 12 座城市和 1 座要塞获得了"英雄城"(город-герой)的光荣称号,它们是列宁格勒(Ленинград,1965)、敖德萨(Одесса,1965)、塞瓦斯托波尔(Севастополь,1965)、伏尔加格勒(Волгоград,1965)、基辅(Киев,1965)、布列斯特要塞(Брестская крепость,1965)、莫斯科(Москва,1965)、刻赤(Керчь,1973)、新罗西斯克(Новороссийск,1973)、明斯克(Минск,1974)、图拉(Тула,1976)、摩尔曼斯克(Мурманск,1985)、斯摩棱斯克(Смоленск,1985)。

莫斯科有4个飞机场①、10座火车站②。莫斯科水路交通方便,4条运河将伏尔加河与顿河以及黑海、亚速海、里海、波罗的海和白海连成一体,使莫斯科成为直通5海的港口,因此,莫斯科也被称为"五海之港"(порт пяти морей)。

1932年第一条地铁在莫斯科动工,1935年5月15日建成后正式通车③。目前,莫斯科共有14条地铁线,共设250站,全长438.6千米。莫斯科地铁平均速度40.78千米每小时,最高速度80千米每小时。日平均运送乘客667万人次,年平均运送乘客25.6亿人次。

莫斯科是名副其实的图书馆城,全城共有图书馆500多座。最大的图书馆是创建于1862年的俄罗斯国立图书馆(Российская государственная библиотека),它地处莫斯科市中心,离红场不远,由新旧两个建筑群组成。该图书馆也是世界最大的图书馆之一,藏书达4 800多万册,有367个语种。

2. 圣彼得堡

圣彼得堡(Санкт-Петербург)位于俄罗斯西北部、波罗的海沿岸、涅瓦河口,是俄罗斯第二大城市,俄罗斯的直辖市。圣彼得堡是一座水上城市,有"北方威尼斯"(Северная Венеция)之称。

1703年5月27日,彼得大帝首先在涅瓦河三角洲的兔子岛(Заячий остров)上修建了彼得保罗要塞(Петропавловская крепость),驻重兵把守,以防御瑞典军队的进攻,后扩建为城。至此,波罗的海出海口纳入俄罗斯版图,彼得大帝在圣彼得堡创建了波罗的海舰队,使俄罗斯在历史上第一次拥有了自己的海军。彼得大帝将其视为"通向欧洲的窗口"(окно в Европу)。

圣彼得堡被称为"革命的摇篮"(колыбель революции)。早在1825年,在此爆发了十二月党人起义。圣彼得堡还是俄国三次革命(1905年革命、二月革命、十月革命)的策源地。

---

① 莫斯科4个飞机场为:多莫杰多沃机场(Домодедово)、谢列梅捷沃机场(Шереметьево)、伏努科沃机场(Внуково)和贝科沃机场(Быково)。从2010年开始贝科沃机场(Быково)不再使用。2016年新建的茹科夫斯基机场(Жуковский)投入使用。

② 莫斯科10座火车站(根据火车开行方向命名)为:白俄罗斯火车站(Белорусский вокзал)、喀山火车站(Казанский вокзал)、基辅火车站(Киевский вокзал)、库尔斯克火车站(Курский вокзал)、列宁格勒火车站(Ленинградский вокзал,也叫十月火车站 Октябрьский вокзал)、帕维列茨基火车站(Павелецкий вокзал)、里加火车站(Рижский вокзал)、萨维奥洛夫火车站(Савеловский вокзал)、雅罗斯拉夫尔火车站(Ярославский вокзал)、东方火车站(Восточный вокзал)。

③ 俄罗斯的地铁非常发达。目前,莫斯科、圣彼得堡、下诺夫哥罗德、新西伯利亚、萨马拉、叶卡捷琳堡、喀山7个城市建有地铁。

圣彼得堡的"白夜"给这座水上城市增添了奇异的色彩,圣彼得堡也因此获得了"白夜城"(город белых ночей)的美称,夏天日照时长约19个小时。

圣彼得堡有俄罗斯最大的博物馆艾尔米塔什(Эрмитаж)、俄罗斯博物馆(Русский музей)等。最著名的街道为涅瓦大街(Невский проспект)。最著名的剧院是玛丽亚剧院(Марийский театр)。

1955年11月15日,列宁格勒的地铁开始运行。目前,圣彼得堡共有5条地铁线,共设72站,全长124.8千米。圣彼得堡地铁平均速度40千米每小时,最高速度80千米每小时,日运送乘客204万人次。因为地铁在涅瓦河和其他河流下穿行,地铁站普遍较深,最深的地铁站海军部站(Адмиралтейская)位于地下86米。

3. 新西伯利亚

新西伯利亚(Новосибирск)是新西伯利亚州(Новосибирская область)的首府,也是西伯利亚联邦区的行政中心。新西伯利亚建于1893年,是西西伯利亚最大的城市。按人口数量,新西伯利亚是俄罗斯仅次于莫斯科与圣彼得堡的第三大城市。

1943年,俄罗斯科学院西伯利亚分院(Сибирское отделение Российской академии наук, СО РАН)在新西伯利亚成立,这标志着该市开始成为俄罗斯西伯利亚地区的科研教育中心。在距新西伯利亚以南30千米的科学城(Новосибирский Академгородок)建有30多个俄罗斯科学院的科研院所以及俄罗斯著名的新西伯利亚国立大学(Новосибирский государственный университет)。在这座科学城里居住着科研人员和他们的家人,共有人口14万人。新西伯利亚科学城是俄罗斯最大的地区性科学中心,在许多研究领域都取得了令世人瞩目的成果,与世界许多国家的科研机构建立了密切的合作关系。

新西伯利亚地铁于1986年开通,是俄罗斯最东部的地铁线路。

4. 叶卡捷琳堡

叶卡捷琳堡(Екатеринбург)是斯维尔德洛夫斯克州(Свердловская область)的首府,也是乌拉尔联邦区的行政中心。1924~1991年名为斯维尔德洛夫斯克(Свердловск)。

叶卡捷琳堡始建于1723年,以女皇叶卡捷琳娜一世(Екатерина I)的名字命名。叶卡捷琳堡历来都是俄罗斯重要的交通枢纽、工业基地和科教中心,是俄罗斯重要的军工业生产基地。按国民经济综合指标及商贸流通领域排名,叶卡捷琳堡是俄罗斯第三大城市,仅次于莫斯科和圣彼得堡。

叶卡捷琳堡是俄罗斯矿产资源最丰富的地区,资源种类包括:石油、天然气、煤、铀、黑色和有色金属(铁、锰、铜、锌、镍)、贵重金属(黄金、白金)以及非金属矿物原材料(石棉、滑石粉、石墨、菱镁矿、高岭土)等。

叶卡捷琳堡是俄罗斯大型工业中心之一。该地的企业专门从事重型能源、运输和化工机械设备、军事技术装备、优质钢材、有色金属和化工产品的生产。该地还建有上伊谢季河钢铁厂、乌拉尔机械制造股份公司、重型电力机械股份公司和涡轮发动机股份公司等大型工业企业。

叶卡捷琳堡地铁于1991年开通。

5. 喀山

喀山（Казань）是鞑靼斯坦共和国（Республика Татарстан）的首府，位于伏尔加河中游左岸，伏尔加河与喀山河（Казанка）交汇在喀山城东。喀山是伏尔加河中游地区经济、交通和文化中心。

喀山建城于1005年，是俄罗斯中部的文化名城，城中的克里姆林（内城）遗址群是一处华丽的建筑群遗址。喀山与莫斯科、圣彼得堡一同被列为俄罗斯三座A级历史文化城市，是俄罗斯重要的旅游城市之一。

喀山被称为"运动之都"（спортивная столица России），是2013年第27届世界大学生夏季运动会和2015年第16届国际泳联世界杯锦标赛的举办地。

喀山地铁于2005年开通，使用俄语、鞑靼语和英语报站。

6. 下诺夫哥罗德

下诺夫哥罗德（Нижний Новгород）是下诺夫哥罗德州（Нижегородская область）的首府，位于伏尔加河与其支流奥卡河的汇流处。1932年10月7日，为纪念苏联伟大的作家高尔基而改名为高尔基市（город Горький），市内有高尔基纪念馆和高尔基雕像。1990年10月22日，恢复原称下诺夫哥罗德。

下诺夫哥罗德始建于1221年，16世纪成为沙俄重要的工商业中心。奥卡河和伏尔加河汇流处矗立着16世纪建造的克里姆林宫。

下诺夫哥罗德有33个湖泊和12条河流，是伏尔加河沿岸著名的港口之一。下诺夫哥罗德还是伏尔加河沿岸的大型铁路枢纽，俄罗斯的重要工业中心之一，以机械制造业为主，尤其是汽车、内河船舶制造业闻名全俄。高尔基汽车厂（Горьковский автомобильный завод, ГАЗ）是俄罗斯著名的汽车制造厂。

下诺夫哥罗德也是石油加工、化学工业与谷物加工工业中心。下诺夫哥罗德州的农业以粮食种植为主，有发达的肉奶畜牧业和家禽饲养业。

下诺夫哥罗德地铁于1985年开通。

7. 车里雅宾斯克

车里雅宾斯克（Челябинск）是车里雅宾斯克州（Челябинская область）的首府，位于乌拉尔南坡及外乌拉尔。

车里雅宾斯克的名字来源于1736年建造在该地的一座要塞的遗址，1781年成为居民点，继而为该地区的政治中心。19世纪末，随着西伯利亚大铁路的修建，

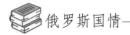

作为当时西伯利亚大铁路起点的车里雅宾斯克成为俄罗斯一个重要的交通枢纽和商业贸易中心,也是西西伯利亚农牧产品的集散地。

8. 克拉斯诺亚尔斯克

克拉斯诺亚尔斯克(Красноярск)是克拉斯诺亚尔斯克边疆区(Красноярский край)的首府,位于西伯利亚中部,西伯利亚大铁路和叶尼塞河交汇处。

克拉斯诺亚尔斯克始建于1628年,是东西伯利亚的经济和文化中心及最大城市,克拉斯诺亚尔斯克是俄罗斯最东部的百万人口城市。

克拉斯诺亚尔斯克主要工业有:有色金属、水力发电、航空工业,以及机械制造业、化学工业、木材加工业等。

9. 萨马拉

萨马拉(Самара)是萨马拉州(Самарская область)的首府。萨马拉位于伏尔加河东岸,与萨马拉河湾隔岸相望,拥有俄罗斯最长的河岸线,是伏尔加河流域经济区和萨马拉州经济、交通、科教和文化中心。

萨马拉是一座工业城市,有150多个大中型工业企业,其主要工业领域包括:机械制造工业、石油化工工业、食品工业等。

萨马拉是俄罗斯最大的交通枢纽之一,是通往莫斯科、乌法、奥伦堡等地的铁路枢纽,也是重要的河港和航空港。从中西欧到西伯利亚、中亚和哈萨克斯坦途经萨马拉的路程是最短的。

萨马拉地铁于1987年开通。

10. 乌法

乌法(Уфа)是巴什科尔托斯坦共和国(Республика Башкортостан)的首府,位于乌拉尔山脉西南侧,城市由西南向东北延伸超过70千米,位于别拉亚河(Белая)和乌法河(Уфа)交汇处的乌法半岛(Уфимский полуостров)上,是俄罗斯仅次于索契和伏尔加格勒的第三狭长的城市。

乌法始于1574年伊凡四世下令建立的一个要塞,用于帮助巴什基尔人抵御哈萨克汗国的袭击,并管理当地收取皮毛税。乌法是巴什基尔人的主要聚居地。

乌法是俄罗斯重要的经济、文化、运动、科学中心之一,非常重要的交通枢纽。2015年在这里举办了上海合作组织峰会和金砖国家峰会。

11. 顿河畔罗斯托夫

顿河畔罗斯托夫(Ростов-на-Дону)是俄罗斯北高加索经济区的主要城市之一,是罗斯托夫州(Ростовская область)的首府。

顿河畔罗斯托夫始建于1749年,位于顿河右岸,曾是哥萨克活动之地。顿河畔罗斯托夫地理位置重要,是进入高加索的门户。顿河畔罗斯托夫也是俄罗斯南部最大的工业、科技和文化中心之一。

12. 鄂木斯克

鄂木斯克(Омск)是鄂木斯克州(Омская область)的首府,也是西西伯利亚第二大城市。

鄂木斯克是额尔齐斯河沿岸最大的港口,西伯利亚大铁路沿线重要的铁路枢纽,也是重要的公路枢纽和航空港。

13. 克拉斯诺达尔

克拉斯诺达尔(Краснодар)是克拉斯诺达尔边疆区(Краснодраский край)的首府,坐落在亚速海和库班河交汇的低地平原上,素有"库班河之都"(столица Кубани)之称。

克拉斯诺达尔建城于1793年,是俄罗斯南部最大的工业、运输、商业、科研和文化中心之一。

克拉斯诺达尔交通便利,与黑海著名的疗养胜地——索契(Сочи)、新罗西斯克(Новороссийск)、阿纳帕(Анапа)、格连吉克(Геленджик)等紧密相连。

14. 沃罗涅日

沃罗涅日(Воронеж)是沃罗涅日州(Воронежская область)的首府,位于沃罗涅日河和顿河汇流处,也是俄罗斯中央黑土经济区最大的工业和文化中心。沃罗涅日是重要的河港及莫斯科—基辅铁路线的枢纽。

沃罗涅日始建于1585年,古时是防止游牧民族入侵的要塞。20世纪80~90年代,沃罗涅日的汽车制造工业、材料工业、电器工业,以及化学、木材加工、食品工业和轻工业较发达,生产图-144超音速飞机、拖拉机、挖掘机、机床、无线电和电子机械、矿山和化工设备、合成橡胶、药品、电视机等。沃罗涅日市附近的顿河河畔建有新沃罗涅日核电站(Нововоронежская АЭС)。

沃罗涅日算是年轻的城市,因为它历经火灾后重建7次。

15. 彼尔姆

彼尔姆(Пермь)是彼尔姆边疆区(Пермский край)的首府,位于卡马河沿岸、乌拉尔山西麓。

彼尔姆建城于1723年,19世纪以来成为俄罗斯重要的工业城市。

彼尔姆工业以机械制造、炼油及石油化工为主,发动机制造、内河船舶、电气设备、矿山及林业机械、磷肥、硫酸、染料、有机合成工业为主要行业,木材加工和造纸、食品业、轻工业也很发达。

16. 伏尔加格勒

伏尔加格勒(Волгоград)是伏尔加格勒州(Волгоградская область)的首府,坐

落在伏尔加河下游平原,受伏尔加河水的滋润,风景秀丽,气候宜人,物产丰富,历来被称为俄罗斯的"南部粮仓"。

伏尔加格勒的快轨(скоростной трамвай)于1984年开通。快轨不是严格意义的地铁,其一半的线路在地上运行,一半的线路在地下运行。

17. 图拉

图拉(Тула)是图拉州(Тульская область)的首府,位于莫斯科以南165千米处,境内有乌帕河(Упа)流经。

列夫·托尔斯泰的亚斯纳亚·波良纳(Ясная Поляна)庄园位于图拉西南14千米处,它是作家列夫·托尔斯泰的家乡和埋葬处,小说《战争与和平》①和《安娜·卡列尼娜》②创作于此。

图拉是俄罗斯著名的"茶炊之乡"(родина самовара),俄语常说:"В Тулу со своим самоваром не ездят.(不要带着茶炊去图拉;不要多此一举)"。图拉建有茶炊博物馆(Музей «Тульские самовары»)。

由面粉添加蜂蜜、干果、果酱等制成的图拉蜜糖饼(пряник)在俄罗斯享有盛誉,图拉建有图拉蜜糖饼纪念碑(Памятник тульскому прянику)。

18. 加里宁格勒

加里宁格勒(Калининград)是加里宁格勒州(Калининградская область)的

---

① 《战争与和平》以1812年拿破仑入侵俄国这一事件为中心,描写了俄国人民奋起抗击侵略者的英勇场景。1805年,法国和俄国关系恶化,战争一触即发。然而俄国上层社会人们的生活依旧恬静悠闲,社交舞会照常举行。青年公爵安德烈·保尔康斯基(Андрей Болконский)决心干一番事业。他被提任为库图佐夫(Кутузов)将军的副官,出发去了前线,他期望这次战争能为自己带来辉煌与荣耀。伯爵家的罗斯托夫(Ростов)爱上了充满青春活力的娜塔莎(Наташа),爱情使他振作起来重新投入生活和事业。战争爆发后安德烈奔赴沙场,在波罗季诺战役中受重伤,平静地走到生命的终点。与安德烈的故事平行发展的另一主人公彼埃尔(Пьер)是个热血冲动、善良真诚的年轻人,凭着继承了一笔可观的遗产,他成了上流社会瞩目的人物。势利的库拉金公爵把放荡堕落的女儿爱伦嫁给了他。意志薄弱但又向往理想道德生活的彼埃尔在荒淫的贵族阶层屡次受挫。卫国战争中,彼埃尔组织民团并经受了战火考验,后被法军逮捕。在俄国人民的反抗下,法军溃败。彼埃尔被游击队救出后在莫斯科巧遇娜塔莎,两人结为夫妇。婚后,他参加了十二月党人的秘密组织,而娜塔莎则成为一个贤妻良母。

② 《安娜·卡列尼娜》讲述了贵族妇女安娜(Анна)追求爱情、幸福,却在卡列宁(Каренин)的虚伪、伏伦斯基(Вронский)的冷漠和自私面前碰得头破血流,最终落得卧轨自杀、陈尸车站的下场。庄园主列文(Левин)反对土地私有制,抵制资本主义制度,同情贫苦农民,却又无法摆脱贵族习气而陷入无法解脱的矛盾之中。小说通过女主人公安娜追求爱情的悲剧和列文在农村面临危机而进行改革与探索这两条线索,描绘了俄国从莫斯科到外省乡村广阔而丰富多彩的图景。小说描写了150多个人物,是一部社会百科全书式的作品。

首府。

加里宁格勒盛产琥珀,世界上90%的琥珀出于此。加里宁格勒的琥珀博物馆(Музей янтаря)是世界上最大的琥珀博物馆,专门用于收藏和展示琥珀。博物馆始建于1972年,1979年开馆,收藏的琥珀制品超过了16万件。

19. 雅库茨克

雅库茨克(Якутск)是萨哈共和国(Республика Саха)的首府,是其科学、文化和经济中心,居民多以雅库特人为主。由于雅库茨克市建于永久冻土层上,因此有"永久冻土王国"(Царство вечной мерзлоты)之称。

雅库茨克位于西伯利亚大陆腹部,是世界上最寒冷的城市之一。冬天气温常降至零下60 ℃,夏天最热可达40 ℃,温差100 ℃,是全世界大陆性气候表现最典型的城市之一。

20. 伊尔库茨克

伊尔库茨克(Иркутск)是伊尔库茨克州(Иркутская область)的首府。伊尔库茨克位于贝加尔湖南端,伊尔库特河(Иркут)和安加拉河汇流处,是距贝加尔湖最近的城市,仅66千米。

伊尔库茨克始建于1661年,是仅次于克拉斯诺亚尔斯克的东西伯利亚第二大城市。伊尔库茨克的主要工业有飞机制造业、水力发电业、食品制造业。东南郊建有伊尔库茨克水电站。

21. 摩尔曼斯克

摩尔曼斯克(Мурманск)是摩尔曼斯克州(Мурманская область)的首府,位于巴伦支海科拉湾(Кольский залив)的东岸,是北极圈内最大的城市。

摩尔曼斯克是俄罗斯北方唯一的不冻港,也是俄罗斯最大的渔港、北方最大的商港、俄罗斯乃至世界最大的军港之一。摩尔曼斯克是北冰洋考察站的前沿阵地,又是北极诸岛的后方基地,地理位置非常重要。重要工业有渔业和水产加工、修船、建筑材料等。

摩尔曼斯克是冬天观看极光(полярное сияние)的佳选。

22. 符拉迪沃斯托克

符拉迪沃斯托克[①](Владивосток)是滨海边疆区(Приморский край)的首府,也是远东地区最大的城市、俄罗斯太平洋沿岸最大的海港、太平洋舰队驻地。

符拉迪沃斯托克是西伯利亚大铁路的终点。符拉迪沃斯托克港口通往萨哈林岛、堪察加半岛、北极地区和太平洋沿岸各国。

---

① 符拉迪沃斯托克原名海参崴。

符拉迪沃斯托克工业以修船、造船、鱼类加工和木材加工为主。

23. 哈巴罗夫斯克

哈巴罗夫斯克①(Хабаровск)是哈巴罗夫斯克边疆区(Хабаровский край)的首府,位于乌苏里江和阿穆尔河汇流处东岸,是重要的交通枢纽,与我国抚远市接壤(水路距离65千米)。哈巴罗夫斯克是远东地区重要的工业、交通和文化中心。

24. 索契

索契(Сочи)是克拉斯诺达尔边疆区(Краснодарский край)第二大城市,位于黑海沿岸。索契南北宽40~60千米,东西长145千米,是俄罗斯最狭长的城市,也是俄罗斯最受欢迎的度假胜地,其道路和楼房均依山势而建,在这里乘车观光,最能体会峰回路转的视觉愉悦感。

索契地处亚热带,风景秀丽,气候温和湿润,5~10月可在海中游泳。索契有温泉,冬季还是滑雪胜地。

索契建有苏联著名作家尼·奥斯特洛夫斯基博物馆。

索契是2014年冬季奥林匹克运动会的举办城市。

---

① 哈巴罗夫斯克原名伯力。

第三章　俄罗斯历史

俄罗斯经历了两个王朝——留里克王朝(династия Рюриковичей,862~1598)和罗曼诺夫王朝(династия Романовых,1613~1917)。

一、留里克王朝

1. 基辅罗斯

俄罗斯的历史起源于东欧,东欧平原上的斯拉夫人是俄罗斯人的祖先。

公元6世纪,斯拉夫人分裂为东斯拉夫人、西斯拉夫人和南斯拉夫人。东斯拉夫人分布在第聂伯河中上游、奥卡河及伏尔加河上游、西德维纳河一带,成为俄罗斯人、白俄罗斯人及乌克兰人的祖先。

随着阶级的产生,公元7~8世纪,东斯拉夫人的许多部落或部落联盟发展成为一些公国(княжество)。

(1) 留里克。

当时,由于东斯拉夫人的部族为争夺权力而内战不休,各部落筋疲力尽,于是他们商议寻找一位大公来治理各部落,以便裁决纠纷,让人们过上安定的生活。在他们眼中,住在北欧斯堪的纳维亚的瓦良格人[①](варяги)精明能干,骁勇善战,于是大公们决定邀请瓦良格人留里克(Рюрик,830~879)来当他们的首领。

根据古罗斯编年史《往年纪事》记载,公元862年,留里克来到诺夫哥罗德,建立了历史上第一个罗斯国。俄罗斯历史由此开始了留里克王朝长达700余年的统治。

---

① 瓦良格人是指公元8~10世纪出现在东欧平原上的维京人。瓦良格人原来居住在北欧的斯堪的纳维亚半岛,后来逐渐沿着商路来到东欧平原,活跃在当地的商路上。他们扮演着商人和强盗的双重角色,经常抢劫财物,掳掠人口为奴,运到君士坦丁堡出售。他们还受雇于当地东斯拉夫人的王公,充当亲兵,参与征战。瓦良格人后来逐渐与东斯拉夫人融合为俄罗斯人、乌克兰人和白俄罗斯人。

(2) 奥列格。

公元879年,留里克在诺夫哥罗德身亡,大公之位由其亲属奥列格(Олег Вещий,850~912)继任。奥列格认为诺夫哥罗德地势偏僻,不利于发展,开始觊觎南方的基辅。882年,他率兵南下,占领了斯摩棱斯克、基辅及其邻近的小公国,将国都迁至基辅。之后,奥列格继续征服周边的部落,将东斯拉夫人部落的斯洛文人、克里维奇人、德列夫利安人、谢维利安人、拉迪米奇人以及非斯拉夫人的麦里亚人、维西人和楚德人置于控制之下,这样便形成了一个以基辅为中心的国家,史称基辅罗斯(Киевская Русь①)。因此,基辅也被称为"俄罗斯城市之母"(мать русских городов)。基辅罗斯概况见表3.1。

表3.1 基辅罗斯概况

国名	基辅罗斯(Киевская Русь)、古罗斯(Древняя Русь)、基辅国(Киевское государство)等
存在时间	9世纪~12世纪初
首都	基辅(Киев)
人口/万人	5 400 000
民族	乌克兰人、俄罗斯人、白俄罗斯人、瓦良格人
面积/平方千米	1 330 000
语言	古俄语(древнерусский язык)

882~911年,奥列格经过不断扩张,基辅罗斯版图东到伏尔加河口,经克里米亚半岛至多瑙河口,北起拉多加湖,循波罗的海沿岸,南临草原。

(3) 弗拉基米尔一世。

公元978年,弗拉基米尔一世(Владимир Святославич,958~1015)继位。弗拉基米尔一世统治期间(978~1015),基辅罗斯达到鼎盛阶段,成为东欧强国。弗拉基米尔一世开办宫廷学校,向贵族王公的子嗣们教授艺术和科学。

(4) 雅罗斯拉夫。

在雅罗斯拉夫(Ярослав Мудрый,978~1054)统治时期,封建土地所有制有所发展,剥削日益加重,国内阶级斗争日趋激烈,农民的反抗斗争不断发生。为保护封建主阶级的利益,雅罗斯拉夫于11世纪30年代编修了《罗斯法典》(«Русская

---

① Киевская Русь 的正式名称为 Русь(罗斯),俗称 Русская земля(罗斯之地)。Киевская Русь 这一名称是19世纪俄罗斯史学界为了表明这一时期国家中心位于基辅而创造的术语。

правда»)。法典规定对于破坏田界、盗窃牲畜、纵火焚烧田庄者都要处以罚金,或抄家没收财产,或全家驱逐出境,或没身为奴等。

雅罗斯拉夫死后,其长子、次子、四子争位,基辅罗斯发生分裂,最终由四子弗谢沃洛德一世(Всеволод Ярославич,1030~1093)再度统一。但随着各地大贵族势力的日益强大及地方自然经济的发展,基辅罗斯陷入封建混战,统一的国家政权日趋瓦解,基辅罗斯开始走向衰败。

12世纪初,弗拉基米尔二世(Владимир Всеволодович,1053~1125)曾想重新统一基辅罗斯,但未能实现。

12世纪30年代以后,统一的罗斯国家已不复存在,罗斯进入封建割据时期,分裂成十几个公国,如弗拉基米尔-苏兹达尔大公国(Владимиро-Суздальское княжество,亦称弗拉基米尔大公国)、梁赞公国(Рязанское княжество)、斯摩棱斯克公国(Смоленское княжество)等。

2. 鞑靼桎梏

1223年,蒙古帝国军队登上伏尔加河东岸,开始入侵基辅罗斯,此后罗斯人的发展中心转移至东北部莫斯科一带①。当时罗斯各大公组成联盟,在卡尔卡河岸与蒙古帝国军队交锋。由于罗斯各公国大公对蒙古帝国并不了解,再加上内部不合,被包围后遭到歼灭。

1237年,蒙古帝国大军击破弗拉基米尔大公国首府。1240年,攻占基辅,以伏尔加河为中心,建立了钦察汗国(Золотая Орда),从此开始了对罗斯的统治时期。高度统一的中央集权制是蒙古人统治的典型特征,这一模式为以后罗斯国家的政权体制打下深刻的烙印。

当时,罗斯虽然实际已经灭亡,但是从罗斯分裂出来的大公们尚存,他们仍占据着罗斯的北方及西部,不服从蒙古人的统治。因此,蒙古人控制弗拉基米尔大公国的大公为傀儡,作为稳定罗斯诸公的手段。蒙古人在消灭剩余的罗斯独立势力的同时,继续出兵攻打东欧各国。

1240年,正当罗斯遭受蒙古人的侵略之时,瑞典人在伊若拉河流入涅瓦河的河口地带登陆,开始入侵罗斯。亚历山大·涅夫斯基②(Александр Невский,1221~1263)率领诺夫哥罗德人和当地的拉多加人,于当年的7月15日在涅瓦河畔(现在

---

① 莫斯科的建立时间被认为是1147年。当时,尤里·多尔戈鲁基(Юрий Долгорукий,1095~1157)大公在一次争夺基辅王位的战斗中获胜后邀请自己的朋友到弗拉基米尔大公国边境的一个名叫莫斯科的地方庆祝,这也是史书上第一次提及莫斯科。此后,俄罗斯人便把这一年作为莫斯科诞生的年份。

② 涅夫斯基(Невский)意为"涅瓦河的",因其在圣彼得堡涅瓦河畔获得胜利而得名。

的圣彼得堡)附近击溃了瑞典军队。

亚历山大·涅夫斯基在这次胜利之后不久,因公国之间的内部矛盾被贵族赶出诺夫哥罗德。

1241年,由于条顿骑士团的入侵,亚历山大·涅夫斯基被诺夫哥罗德人再次请回参战,他率领诺夫哥罗德军队抵抗条顿骑士团。亚历山大·涅夫斯基决定利用条顿骑士团不熟悉罗斯地形的弱点,选择一个可以歼灭条顿骑士团的战场。1242年4月5日,亚历山大·涅夫斯基在楚德湖冰面上取得了决定性的胜利,彻底击败了条顿骑士团。这就是著名的楚德湖战役(Битва на Чудском озере),历史上又称"冰湖战役"(Ледовое побоище)。

楚德湖战役之后,亚历山大·涅夫斯基巧妙地与蹂躏并征服罗斯的蒙古人继续周旋。亚历山大·涅夫斯基开始扮演蒙古人建立的钦察汗国与罗斯各公国之间的调解人的角色,并借用蒙古代理人的身份镇压各地贵族和平民。1246年,钦察汗国封他为基辅大公。1252年,亚历山大·涅夫斯基被钦察汗国封为弗拉基米尔大公。1259年,因强迫诺夫哥罗德人向蒙古人进贡而遭到当地人的顽强反抗,他残忍地镇压了诺夫哥罗德人的起义。1263年,亚历山大·涅夫斯基在从钦察汗国返回诺夫哥罗德的途中被杀。

鞑靼桎梏(монголо-татарское иго)从1240年持续到1480年,在此期间罗斯大公们被迫向钦察汗国纳贡。罗斯被瓦解,使得原有的教育和文化遭到严重破坏,在钦察汗国长达两个多世纪的统治期间,罗斯的外语教习处于中断或停滞状态。此外,随着拜占庭帝国的衰落,罗斯王公贵族对希腊语和拉丁语的学习意愿也衰退下去。

虽然蒙古人统治罗斯长达240年之久,但始终没有使罗斯彻底东方化,因为罗斯人仍然保留着本民族的语言——俄语。蒙古人的征服和统治使得刚刚接受了西方文明的罗斯急转向被东方奴役,这不仅严重地破坏了罗斯的经济和文化的发展,而且阻碍了罗斯同欧洲之间的联系,使得罗斯与西方文明之间的距离逐渐加大。

3. 莫斯科大公国

蒙古帝国入侵对罗斯领土的影响是不均衡的,一些先进的罗斯城市文化几乎被完全摧毁。当时较发达的基辅、弗拉基米尔等城市尚未从蒙古入侵略所造成的破坏中恢复过来,而莫斯科等新兴城市开始悄悄崛起,罗斯人的发展中心开始转移到罗斯东北部的莫斯科一带。

莫斯科大公国(Великое княжество Московское, 1263~1478)是13~15世纪罗斯的封建国家,首都是莫斯科。13世纪上半叶,由弗拉基米尔大公国分封为莫斯科大公国,13世纪末割据独立。14世纪初,莫斯科大公国日渐强大,陆续合并周围公国。

(1) 伊凡一世。

1328 年,伊凡一世(Иван Калита①,1288～1340)被钦察汗国册封为弗拉基米尔大公。

伊凡一世利用替蒙古人征税的机会,依靠金钱和蒙古人的支持,击败劲敌特维尔公国,开始领导罗斯各公国。伊凡一世统治时期,莫斯科已经成为当时罗斯的政治中心。

伊凡一世性情残暴,镇压百姓。他一生敛财无数却又一毛不拔,因此获得"钱袋伊凡"的称号。

(2) 德米特里。

伊凡一世的孙子德米特里·伊凡诺维奇(Дмитрий Иванович,1350～1389)在位时,莫斯科大公国达到极盛时期,而此时的钦察汗国已日益衰弱。

德米特里年幼时就立下大志,一定要让罗斯摆脱蒙古人的统治,成为全罗斯的最高统治者。为了迷惑钦察汗国,德米特里继续采用"钱袋伊凡"的战术贿赂其首领。1371 年,德米特里前往钦察汗国的驻地,用丰厚的礼物向当时钦察汗国的实际统治者马麦汗和他的妻妾献殷勤。在取得权力后,德米特里加快了兼并罗斯其他公国和部落的步伐。

此时的钦察汗国已今非昔比,罗斯的大部分地区脱离其统治,同时在钦察汗国内部也不断发生政变。1360 年至 1380 年,因为钦察汗国内部发生权力争斗,先后换了 14 个首领,德米特里开始准备对蒙古统治者的斗争。

1380 年 9 月 8 日,莫斯科大公德米特里率罗斯军队同钦察汗国军队在顿河畔库里科沃原野②进行了一次战役——历史上称为库里科沃战役(Куликовская битва),最终获得胜利③。战后,钦察汗国军队进行反攻,将莫斯科屠城并烧毁。

库里科沃战役是罗斯中世纪最大的会战之一,是罗斯人反抗钦察汗国压迫斗争的转折点。虽然此战并未结束蒙古人对罗斯的统治,但是俄罗斯历史学家认为此战是俄罗斯历史上重要的转折点。自此,钦察汗国开始逐渐衰败,莫斯科大公国日渐强盛。库里科沃战役之后莫斯科重新成为罗斯统一的象征。

(3) 伊凡三世。

从 1478 年开始,莫斯科大公伊凡三世(Иван Ⅲ,1440～1505)正式吞并并统一了雅罗斯拉夫尔公国、诺夫哥罗德共和国、彼尔姆公国、特维尔公国。这是罗斯

---

① Калита 意为"钱袋",伊凡一世也称为"钱袋伊凡"。

② 库里科沃原野在顿河右岸,因此战役也被称为顿河之战(Донское побоище)。

③ 德米特里·伊凡诺维奇因在顿河畔库里科沃战役中获胜,也被称为"德米特里·顿斯科伊"(Дмитрий Донской)。顿斯科伊意思是"顿河的"。

走向中央集权制国家的重要一步。

此时,蒙古人的钦察汗国由于内斗而分裂成几个小汗国。1480年,钦察汗国的阿合马汗率兵讨伐罗斯,伊凡三世怯阵准备退却。在莫斯科市民的压力下,伊凡三世才陈兵乌格拉河,与钦察汗国军队隔河对峙。不久战斗形势发生急转变化。由于天寒粮缺,波兰援军又未到达,又有传闻说钦察汗国的都城受到克里米亚汗国的袭击,钦察汗国军队被迫撤兵。因此,伊凡三世不战而胜。不久,阿合马汗在内讧中被杀。于是伊凡三世在1480年停止对钦察汗国纳贡,从而彻底摆脱了钦察汗国对罗斯长达240年的统治。

摆脱钦察汗国桎梏之后,伊凡三世集大权于一身,称自己为"全罗斯君主"(государь всея Руси)。随着伊凡三世对罗斯东北部的统一,俄罗斯民族开始形成,俄语开始成为全民族的通用语言。伊凡三世仿照拜占庭帝国的国徽,制定了双头鹰(двуглавый орел)国徽。

在伊凡三世初步建立了中央集权制的统一国家之后,他逐渐完善了一整套中央集权的国家制度和国家机构。伊凡三世进行军事改革,加强了对军队的控制。伊凡三世颁布了第一部全国性的法典——《1497年法典》(《Судебник 1497 г.》),在公国各地和各城市任命了大公的地方长官。法典有力地维护了封建主的利益,加强了对下层人民的剥削,在罗斯初步确立了农奴制。

从此,莫斯科大公国的地位彻底改变了,它不再是罗斯东北众多公国的一个普通公国,而变成了一个强大的统一国家。莫斯科大公权力的性质也改变了,过去只是几个平等大公中最有权势的一个大公,现在伊凡三世变成了整个罗斯唯一的君主,其他大公都为他服务、成为他的臣民。

伊凡三世统治时期,不但摆脱了外族的控制,基本上统一了分裂割据的罗斯,而且还使罗斯从一个长期被外族欺凌的国家一跃成为让世界为之瞩目的强大国家。

伊凡三世在位43年间(1462~1505),他把莫斯科大公国以及后期以莫斯科为首都的罗斯的版图扩大了6倍。伊凡三世是统一俄罗斯国家的缔造者,其在位期间统一国家罗斯初步形成,一跃成为欧洲不可忽视的重要力量。

(4)伊凡四世。

伊凡四世(Иван IV,1530~1584)3岁继承王位,即位之初,由母亲代为摄政。8岁时母亲突然去世,年幼的伊凡在身边贵族领主们为争权夺利所策划的一系列阴谋、暗杀中惶惶不可终日。因此,伊凡四世自幼养成意志坚强和冷酷无情的性格,有很严重的猜忌心理,易激动且残忍,对贵族们进行严厉镇压,史称"伊凡雷帝"(Иван Грозный)。

伊凡四世是俄国历史上的第一位沙皇①(царь),也是沙皇俄国(Русское царство)的开创者。

1547年,伊凡四世发表了重要讲话,将大公升格为沙皇,于是"沙皇"成为俄国君主的正式称谓,国家开始改称沙皇俄国。伊凡四世从此开始实行他的独裁统治。

伊凡四世对内的政策方针是反对大贵族分立主义,具体表现在1565年建立了沙皇特辖区制,给贵族势力很大的打击。在伊凡四世以前的大公往往权力很小,受领主们很多限制。伊凡四世消除了领主政体,打破了领主政体对沙皇的一切权利限制,建立起沙皇专制政体,打击地方割据势力,建立了中央集权。

在对内政策方面,伊凡四世除了铲除大贵族、扶植中小贵族、加强中央集权之外,还有重要的一点,就是重申伊凡三世时关于农民必须在特定日子才能离开地主的规定,并充实了一些条款。至此,俄国向农奴制又迈进了一步。

1549年,伊凡四世建立重臣会议,编纂新法典。1549~1560年伊凡四世对中央和地方的政治、行政、法律、财政、军队等方面进行改革。伊凡四世执政时期,制定了俄国第一部军队条令——《贵族会议关于屯扎和守备勤务决议》,其军事改革的基本内容有:完善军事指挥体系,建立常备军,整顿俄国地方部队的勤务和调整俄国边境守备与屯扎勤务。这次改革的直接动因是16世纪上半叶俄国内部各种社会矛盾导致阶级矛盾的激化,伊凡四世的军事改革奠定了俄国正规军的基础,使沙皇俄国走向强大。

在对外政策方面,伊凡四世开始积极对外扩张疆域。1547~1584年,伊凡四世几乎将所有钱财都耗费于战争上。他还在一些战役中亲自上阵,勇敢作战,并提出了"连续打击敌人""在野战中以消灭敌人有生力量为出发点"等军事战术。

1551年,伊凡四世发起了同喀山汗国的战争。尽管鞑靼人顽强抵抗,俄罗斯人还是在1552年攻下喀山。这是俄罗斯历史上重大的转折点,意味着从此以后俄国的力量强于蒙古人。攻陷喀山汗国标志着沙皇俄国第一次向传统罗斯公国以外的领土进行扩张,为伊凡四世越过乌拉尔山脉吞并地域辽阔的西伯利亚扫平了道路。

阿斯特拉罕汗国的地理位置非常优越,是连接东欧、中亚和中东的交通要道。1554年,伊凡四世发兵3万,向阿斯特拉罕汗国入侵。此时的阿斯特拉罕汗国沉陷在无休止的内讧之中。伊凡四世一时间无法完全控制阿斯特拉罕汗国,于是在阿斯特拉罕汗国建立了傀儡政权,之后便下令撤军了。1556年,伊凡四世彻底吞并了阿斯特拉罕汗国,由此其疆土向南延伸了1 000多千米。

1581~1584年,以叶尔马克(Ермак)为首的哥萨克人向西伯利亚汗国发起远征。他们打败了西伯利亚汗国军队并同沙皇军队一起征服了西伯利亚。俄国的领

---

① "沙皇"一词源于拉丁语 caesar 的俄语转写 цезарь(恺撒),简化后为 царь。

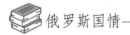俄罗斯国情

土再一次向东大幅推进,蒙古人从此不再成为威胁。

为控制波罗的海,夺取更多的波罗的海沿岸领土,伊凡四世于1558年发动了利沃尼亚战争(Ливонская война)。这场战争持续了1/4个世纪(1558~1583),消耗了伊凡四世一生中的大部分精力,波罗的海主要国家都卷入其中。由于孤立无援,1584年,伊凡四世离世前签约放弃战时俄国夺取的所有土地,战争以俄国失败告终。

1584年,伊凡四世去世,其次子——体弱多病的费奥多尔·伊凡诺维奇即位。1598年,费奥多尔死后,留里克王朝绝嗣,外戚戈东诺夫被推举为沙皇。至此,留里克王朝结束。

二、混乱时期

伊凡四世在狂暴中打死儿子伊凡①之后,只剩下两个可以继位的人——体弱多病的次子费奥多尔和襁褓中的幼子德米特里。最终,伊凡四世宣布立费奥多尔为王储。但是,他深知费奥多尔不足以继承大统,所以又指定五位大臣组成摄政会议,共同辅佐继位后的费奥多尔。1584年,费奥多尔·伊凡诺维奇(Федор Иванович,1557~1598)即位,但实际上执掌国家权力的是费奥多尔的妻兄鲍里斯·戈东诺夫(Борис Годунов,1552~1605)。

1605年,鲍里斯·戈东诺夫意外死亡。1610年,波兰人入侵莫斯科。1612年,由波扎尔斯基(Д. М. Пожарский)公爵和市民米宁(Минин Кузьма)组织起一支军队反抗波兰入侵者,各地人民纷纷响应。1612年秋,俄罗斯人收复了莫斯科,为纪念这一事件,11月4日被定为"人民团结日"。

1613年,贵族推举米哈伊尔·费多罗维奇为新沙皇,建立了罗曼诺夫王朝。

从1598年伊凡四世去世到1613年罗曼诺夫王朝建立之前这段无政府统治和内战时期,在俄罗斯历史上称为"混乱时期"(смутное время)。

三、罗曼诺夫王朝

1591年,费奥多尔同父异母的兄弟、有王位继承权的德米特里被鲍里斯·戈东诺夫秘密杀害。1604年,一个自称是德米特里的人出现,并且得到了波兰国王的支持。1605年,德米特里即位,历史上称为"伪德米特里"(Лжедмитрий,1582~1606)。

---

① 可参见列宾的名画《伊凡雷帝杀子》("Иван Грозный и сын его Иван")。

由于采取亲波兰的政策,伪德米特里触怒了俄国大贵族。在大贵族瓦西里·舒伊斯基(Василий Шуйский,1552~1612)的率领下,杀了伪德米特里,舒伊斯基即位,号称瓦西里四世。1612年,波兰军队攻占莫斯科,舒伊斯基被杀。

1613年2月21日,俄国推举伊凡四世的皇后阿纳斯塔西娅·罗曼诺芙娜的侄孙米哈伊尔·费多罗维奇(Михаил Федорович,1596~1645)做沙皇。新沙皇选举产生后,国家开始恢复了稳定。

由此,俄国历史开启了罗曼诺夫王朝(Династия Романовых)长达300多年(1613~1917)的统治。

罗曼诺夫王朝的末代沙皇尼古拉二世在1917年发生的俄国二月革命中被推翻。

1. 17世纪的两次农民起义

波洛特尼科夫起义(Восстание Болотникова,1606~1607)是俄国历史上第一次声势浩大的农民战争。16世纪末17世纪初,俄国封建压迫严重,加之连年饥馑,民不聊生,阶级矛盾尖锐,全国各地纷纷发生农民起义。1606年夏天,农奴出身的波洛特尼科夫(И. И. Болотников,1565~1608)领导发动了乌克兰北部的农民大起义,他号召人们"杀死贵族和所有的商人",同时提出要一个"好皇帝"的口号。起义军声势浩大,许多市民和哥萨克纷纷响应,多次挫败沙皇军队,起义席卷了俄国70多座城市。起义军直逼莫斯科,震撼了封建统治中心。1606年11月27日,起义军中小贵族帕科夫率众倒戈,致使起义失败,退往卡卢加。1607年5月初,起义军攻占图拉,沙皇纠集大军包围该城。起义军英勇抵抗4个月后弹尽粮绝,加之沙皇军队筑坝用洪水灌城,10月,起义失败,波洛特尼科夫被俘后牺牲。波洛特尼科夫起义沉重地打击了俄国的农奴制度和沙皇的专制统治。

17世纪最大的民间反抗斗争是斯杰潘·拉辛(Степан Разин,1630~1671)领导的规模较大的哥萨克和农民起义。1670~1671年,哥萨克领袖拉辛在俄罗斯南部领导了这场反抗俄国沙皇和贵族的大规模起义,哥萨克骑兵队伍中包括鞑靼人、莫尔多瓦人、楚瓦什人。1670年,拉辛率骑兵向伏尔加河流域进发,先后攻克察里津(今伏尔加格勒)、阿斯特拉罕、萨拉托夫、萨马拉等地。在辛比尔斯克(今乌里扬诺夫斯克)附近的战役中,拉辛被沙皇阿列克谢的军队击败,退回到南方草原,次年拉辛被哥萨克酋长捕获,押解到莫斯科被杀害。列宁称拉辛是一位"为了争取自由"而献出了头颅的"起义农民的代表人物"。俄国有许多追念他的民歌和民间故事,其生平事迹在苏联作家兹洛宾(С. П. Злобин,1903~1965)的长篇小说《斯杰潘·拉辛》(«Степан Разин»)中有生动描述。

2. 彼得一世统治时期(1682~1725)

彼得一世(Петр I,1672~1725)又称彼得大帝(Петр Великий)。彼得一世10

岁继承王位,1689年开始独立执掌政权。

彼得一世统治期间,正值欧洲国家迅速发展时期,而当时俄国农奴制度还在盛行。为了效仿西方国家,彼得一世在1697年派遣使团赴西欧考察学习先进技术,自己也化名随团出访。彼得一世回国后积极兴办工厂,发展贸易、文化、教育和科研事业,同时改革军事,建立正规的陆海军,加强封建专制的中央集权。彼得一世的改革在政治、军事、经济、科学文化各方面提高了俄罗斯的国家实力。

1700年1月1日,彼得一世开始推行欧洲采用的纪年法——儒略历①(Юлианский календарь),新年改在1月1日,而不是过去的9月1日。

1700年9月,为了夺取波罗的海的出海口,俄国向瑞典宣战,揭开了北方战争(Северная война)的序幕。北方战争共持续21年(1700~1721),最后俄国获胜,夺取了波罗的海出海口,占领了芬兰湾、里加湾一带和卡累利阿的一部分。波尔塔瓦会战(Полтавская битва)是北方战争中最著名的战役,是彼得大帝的军队与瑞典国王查理十二世的军队于1709年6月28日发生的一场战争,俄军的决定性胜利终止了瑞典作为欧洲列强的时代。北方战争的胜利,实现了沙皇梦寐以求的愿望,俄国一跃成为欧洲强国之一。

1703年,彼得一世在芬兰湾的涅瓦河入海口建起了彼得保罗要塞(Петропавловская крепость),随后在要塞周围兴建城市,最初称圣彼得堡。1712年,俄国迁都至此。

1721年,莫斯科大公国正式改名为俄罗斯帝国(Российская империя),彼得一世是俄罗斯帝国的第一位皇帝(император)。

3. 叶卡捷琳娜二世统治时期(1762~1796)

叶卡捷琳娜二世(Екатерина II,1729~1796)原是彼得三世的妻子,她通过政变废黜并刺杀其丈夫彼得三世之后,即位成为俄罗斯女皇,并成为俄罗斯帝国历史上在位时间最长的君主,在位时间长达34年。在叶卡捷琳娜二世的治理下俄国经历复兴,达到俄国封建农奴制的鼎盛时期,在俄罗斯历史上把叶卡捷琳娜二世统治时期称为"黄金时代"(золотой век)。

叶卡捷琳娜二世在对内政策方面,扩大贵族特权,赐给贵族大批农奴和土地,农奴制在俄国全境普遍建立。叶卡捷琳娜二世在位时期治国有方,功绩显赫,俄国成为名副其实的欧洲最强大的国家。叶卡捷琳娜二世也成为俄国人心目中仅次于彼得大帝的一代君主,被尊称为"叶卡捷琳娜女皇",也被尊称为"大帝"(Всерос-

---

① 儒略历在俄罗斯也称俄历(русский календарь),现在通称为旧历(старый календарь)。1918年,俄罗斯开始使用格列历(Григорианский календарь),在俄罗斯也称新历(новый календарь),即公历。1901~2099年期间,格列历日期减13日等于儒略历日期。

сийская императрица)。

18世纪60年代,叶卡捷琳娜二世自诩"开明君主",同伏尔泰等西欧启蒙思想家保持通信联系。在流行"开明专制"(просвещенный абсолютизм)的时代,她也使自己成为这一时尚的追逐者。她兴办各类学校,提倡文学创作,对资本主义工商业的发展采取鼓励政策,取消对贸易的限制。

在沙皇这个专制主义宝座上坐热之后,叶卡捷琳娜二世的思想逐渐发生了改变。1773年,普加乔夫领导的农民起义爆发,叶卡捷琳娜二世进行了残酷的镇压。她进一步加强了中央集权,如改"省、州、县"三级制为"省、县"二级制,并给予贵族更多更大的权力。农奴制一直是俄国社会的一大痼疾,叶卡捷琳娜二世使之加剧并将这个棘手的难题推给了她的后代去解决。

叶卡捷琳娜二世统治期间,俄国的领土面积扩大了67万平方千米,打开了通向黑海和波罗的海的出海口,击败了俄国的老牌敌人土耳其和瑞典,还和普鲁士、奥地利一起瓜分了波兰。

4. 普加乔夫起义

普加乔夫起义(Восстание Пугачева)指的是1773~1775年由顿河哥萨克普加乔夫领导的哥萨克农民起义。

1773年,被俄国皇家军队解雇的军官普加乔夫(Е. И. Пугачев, 1742~1775)自称是已被谋杀的沙皇彼得三世,率领哥萨克起兵反抗叶卡捷琳娜二世的统治,声称要终结农奴制。普加乔夫领导的起义军得到农民、哥萨克的广泛支持,起义极盛时期控制了伏尔加河至乌拉尔山脉之间的地区。普加乔夫起义席卷了众多地区(奥伦堡边区、乌拉尔、乌拉尔山区、西西伯利亚、伏尔加河中下游地区),踊跃参战的起义者达10万人。在1774年的喀山战役中,起义军大败沙俄军队,占领了除喀山克里姆林宫以外的整个地区。

俄国政府最初未能镇压普加乔夫起义,部分原因是在后勤运输上有困难,且错误地估计了起义规模。1774年底,俄国军队在察里津(今伏尔加格勒)击溃了起义军,战局开始转折。1775年1月,普加乔夫战败被俘,在莫斯科被处决。

普加乔夫起义被认为是俄罗斯历史上最大规模的农民起义。普加乔夫牺牲后,人们创作了很多歌曲和文学作品来纪念他。著名作家普希金撰写了《普加乔夫史》(《История Пугачева》),还在《上尉的女儿》①(《Капитанская дочка》)一书中真实地描写了普加乔夫起义。

5. 俄法1812年战争

19世纪初期的法国在欧洲相当强大。法国皇帝拿破仑占领了几乎整个欧洲,并企图统治全世界。为争夺欧洲霸权,拿破仑实行了对外侵略扩张的政策,而俄国拒绝参加大陆封锁,这使得俄法两国之间的矛盾日益尖锐。

1812年,俄国与法国之间的关系进一步恶化。1812年6月,拿破仑率领法军进逼俄国边境。在进攻路线上,拿破仑集结了共计12万人的军队。俄国军队被迫采取战略性撤退,在撤退的过程中,他们仍然为保护每一座城市而英勇战斗。1812年8月,库图佐夫(М. И. Кутузов,1745~1813)被任命为俄军总司令。

同年秋天,法军兵临莫斯科城下。在无后备力量补充的情况下,为保存军队的有生力量,库图佐夫命令俄军撤离首都莫斯科。与此同时,几乎所有的莫斯科居民也随同撤离。法军进入空无一人的莫斯科城时,大火烧遍全城。拿破仑在空城莫斯科驻扎了35天,他期待着沙皇亚历山大一世前来求和,然而这一幕并没有出现。

1812年9月7日,俄军撤退到莫斯科郊区的波罗季诺村,并在此地与拿破仑军队进行了一次决战,历史上称为波罗季诺战役(Бородинское сражение,или Бородинская битва)。在这次战役中,俄军歼敌近半,拿破仑的军事优势大为削弱,战争的主动权也因此转移到了俄军方面。

战争的形势改变之后,法军处于四面受敌、弹尽粮绝的境地。与此同时,俄国军队和游击队昼夜打击法军,莫斯科城内也时而出现火灾,法军的兵力大为折损。当时时近严冬,拿破仑被迫于1812年10月19日放弃了莫斯科,南下寻找粮食和温暖的住所。在撤退途中,法军与俄军遭遇,沿着斯摩棱斯克大道撤退,俄国军队和游击队则乘胜追击。12月底,拿破仑战败逃回了巴黎,此时追随他的残余部队只剩下3万人。

---

① 《上尉的女儿》讲述了贵族青年格里尼奥夫(Петр Гринев)在去白山要塞服役途中,由于深夜的暴风雪迷了路,被沙皇官兵追捕的普加乔夫(Емельян Пугачев)搭救了他,格里尼奥夫为了表示感激,把一件羊皮袄送给普加乔夫。这样,格里尼奥夫才安全到达一个村庄,普加乔夫也躲开了官兵的追捕。普加乔夫率农民于1773年9月起义。农民起义军势如破竹,不可阻挡,很快占领了白山要塞。格里尼奥夫坚持与起义军为敌,被捕后等待被处死。临刑前,普加乔夫认出格里尼奥夫就是在暴风雪中送他羊皮袄的青年,便免他一死,将他释放了。格里尼奥夫忠于沙皇,站在贵族的立场上,不与普加乔夫的农民军为伍。1774年,普加乔夫的农民起义失败,普加乔夫被俘。格里尼奥夫因涉嫌与普加乔夫有过来往而被捕并判处终身流放。叶卡捷琳娜二世得知格里尼奥夫并未背叛沙皇后改变了原判,格里尼奥夫被无罪释放。普加乔夫被沙皇判处绞刑。临刑前,他在广场的人群中认出了格里尼奥夫,向他点头示意,之后从容就义。

俄国赢得了对法国的这场战争,俄国人民为了将祖国解救出来纷纷参与了这场战争,因此俄罗斯人称这场战争为卫国战争。

俄法1812年战争击破了拿破仑不可战胜的神话,推动了欧洲解放斗争的进程。

6. 十二月党人起义

十二月党人起义(Восстание декабристов)是反对沙皇俄国专制制度的起义。1821年,一批具有民主主义思想的贵族军官成立革命组织,谋划起义,主张建立共和国或君主立宪政体。1825年12月26日,趁沙皇亚历山大一世病故之际,这些人在圣彼得堡的议会广场①(Сенатская площадь)上发动起义,但惨遭失败。之后500多人受审,5位首领被处死,100多人被流放。因起义是在十二月进行,起义者被称为"十二月党人"(декабристы)。

十二月党人起义是俄国历史上对沙皇专制制度的一次巨大的打击,它不同于以往的以农民起义为主体的革命,十二月党人无论是在文化教育水平、政治素质和远见及政治斗争手段、组织能力等方面均远远胜于前者。十二月党人起义是俄国历史上第一次贵族革命,起义者大多为贵族青年,特别是贵族军官,因此,列宁把十二月党人称为"贵族革命家",并认为在十二月党人的起义中"贵族中的优秀人物帮助唤醒了人民",他把这一时期称为贵族革命时期。十二月党人起义标志着俄国革命运动的开始。

7. 废除农奴制

俄国农奴制改革(крестьянская реформа)又称"俄国1861年改革",是俄国沙皇亚历山大二世推行的社会改革。19世纪中叶,俄国还顽固保持着野蛮落后的农奴制。农民的人格和自尊心被无情地摧残,他们整天无偿地为地主劳动,甚至被作为物品抵押债务。大量劳动力被束缚在庄园里,进而造成资本主义工业发展所必需的劳动力缺乏。俄国经济发展和社会发展也因此大大落后于西欧国家。

1861年3月8日,亚历山大二世宣布废除农奴制(отмена крепостного права)。农奴成为"自由人",这为资本主义的发展提供了大量的自由劳动力。俄国从此走上了资本主义发展的道路。1861年农奴制改革是俄国历史上的一个重大转折点,但是农奴制改革也保留了大量封建残余,对俄国社会后来的发展产生了消极影响,民主革命依然是俄国社会发展所面临的历史问题。

8. 马克思主义的传播

在欧洲社会主义运动的影响下,一部分俄国知识分子开始关注马克思主义。

---

① 1925~2008年称为十二月党人广场(площадь Декабристов)。

1883年,俄国主要的马克思主义者之一普列汉诺夫(Г. В. Плеханов, 1856~1918)在日内瓦创办了第一个马克思主义小组——"劳动解放社"(Освобождение труда)。

1895年,列宁以疗养为名去瑞士会见普列汉诺夫和"劳动解放社"成员。列宁的博学多才、坚定的革命人生观和充沛的精力,给普列汉诺夫留下了深刻的印象。

1900年,普列汉诺夫翻译了《共产党宣言》的第三个俄译本。同年,他同列宁一起创办无产阶级报刊《火星报》和《曙光》等杂志,并为《火星报》撰稿37篇,阐明正在创建的马克思主义政党的许多理论和政策性问题。

9. 俄国1905年革命

俄国1905年革命(Революция 1905 года в России),也被称为第一次俄国革命(Первая русская революция),指的是1905~1907年发生在俄国境内一系列以反政府为目的的革命活动,同时也包括没有明确目标的社会动乱事件,诸如恐怖攻击、罢工、农民抗争、暴动等,迫使尼古拉二世(Николай II, 1868~1918)政府于1906年制定了等同于宪法的基本法,成立了国家杜马立法议会,并施行多党制。这场革命没有统一的组织、没有明确的目标,主要归咎于几十年的国家动乱和对罗曼诺夫王朝的不满,同时俄国国内改革不力以及少数民族要求解放也是起因。其中,尼古拉二世指挥不力,导致俄军在俄日战争中的惨败是最直接的导火线。1905年之后俄国一直有连续不断的军人革命以及革命团体活动。虽然各地方的革命最后或妥协或被镇压,俄国国内也加快了改革的步伐,但仍不能阻挡1917年推翻罗曼诺夫王朝的革命的到来。布尔什维克把这场革命当作1917年革命的前奏。

俄国第一次资产阶级民主革命是从1905年1月22日(俄历1月9日,星期日)圣彼得堡流血事件开始的,这一天在历史上被称为"流血星期日"(Кровавое воскресенье)。

10. 斯托雷平的改革

斯托雷平(П. А. Столыпин, 1862~1911),俄国政治家,以镇压革命势力和土地改革而闻名。

1906年,顽固的君主主义者斯托雷平被任命为总理大臣兼内务大臣,他把拯救君主制视为自己的目标。在其任职期间,他提议进行土地改革,期望通过改善农民的法律地位和经济状况促进俄国的经济和政治稳定。斯托雷平的土地改革旨在摧毁村社制度、扶植富农经济。通过斯托雷平在任期间的改革,俄国粮食产量增加,新增的富农阶级成为中产阶级,同时受教育人口也得到增加。

1911年9月14日,斯托雷平与沙皇尼古拉二世和沙皇的两个女儿在基辅的基辅歌剧院观看歌剧时,遭遇枪手连续两次枪击,4日后斯托雷平因伤势过重不治身亡。

11. 第一次世界大战中的俄国

1914年,第一次世界大战(Первая мировая война)爆发。1914年8月1日,德军对俄国宣战。1915年5月,德奥联军对俄国展开全面进攻,俄军损失一半兵力。由于当时俄国在沙皇的统治下是农奴体制,经不起持久战。第一次世界大战导致俄国国内经济崩溃,工厂倒闭,失业率骤增,物价上涨,货币贬值,战争的灾难引起了俄国人民的强烈不满。

1918年3月3日,列宁与德国签署《布列斯特和约》,宣布退出第一次世界大战。俄国退出第一次世界大战意味着农奴制度的废除以及一个新兴国家的诞生,是俄国历史上重要的转折点。

12. 二月革命

1917年1月,为纪念1905年的"流血星期日",俄国各地爆发了大规模罢工示威。首都彼得格勒工人响应布尔什维克的号召,也举行罢工和示威游行。这次行动成为二月革命的前奏。

尼古拉二世被迫于1917年3月15日引退,让位给其弟米哈依尔。第二天,米哈依尔也宣布退位。1917年的二月革命(Февральская революция)是俄国历史上第二次资产阶级民主革命。俄国最后一位皇帝尼古拉二世退位,从而结束了罗曼诺夫王朝对俄国长达304年的统治。

第四章 俄罗斯文学

一、古代文学

古代俄罗斯文学(又称中世纪俄罗斯文学)产生于11世纪的基辅罗斯,指的是11~17世纪的俄罗斯文学。与同时期的东西方国家相比,古代俄罗斯的文学总体上非常落后,起步晚,发展缓慢,作品乏善可陈,但它与古代俄罗斯国家的政治社会生活联系紧密,记录了其发展历程中的许多重大历史事件,反映了人民生活的苦乐,尤其是作品中所颂扬的爱国主义精神和英雄主义激情,以及对劳动人民的关怀,为18~20世纪俄罗斯文学的发展奠定了坚实的基础。因此,虽然古代俄罗斯文学流传至今的作品数量十分有限,但具有重要的历史和艺术价值。

古代俄罗斯文学的发展与这一时期的历史进程基本吻合,可以分为以下4个时期。

1. 基辅罗斯时期的文学(11~12世纪上半叶)

公元882年基辅罗斯国家的建立和10世纪前俄罗斯古文字的产生为基辅罗斯时期文学的产生创造了条件。这一时期流传下来的作品中最著名的是《古史纪年》。

《古史纪年》(«Повесть временных лет»,约1113年)又译为《往年纪事》,作者是涅斯托尔(Нестор)。他在整合了诺夫哥罗德、特维尔、普斯科夫及莫斯科等不同地区和时期的编年史的基础上,形成东斯拉夫民族统一的编年史,也是古代俄罗斯文学中最有价值的文学性历史文献。该书以讲述俄罗斯国家的由来和起源为主旨,将历史纪实与民间传说和民间英雄叙事诗相结合,创造出《使徒安德烈访问俄罗斯大地的传说》《基辅创立的传说》《奥列格远征王城》《奥尔加为伊戈尔复仇》《斯维亚特斯拉夫大公》《弗拉基米尔的宴会》《鞣皮匠的传说》等精彩故事。书中对诸侯争权、制造分裂的行为进行谴责,表达了追求俄罗斯大地的统一和强盛、政治独立的强烈愿望,充满了爱国主义激情。

2. 封建割据时期的文学(12世纪中叶~13世纪上半叶)

12世纪初,随着俄罗斯封建社会生产力的发展,新的经济、政治和文化中心逐步出现,如南部的基辅中心、北部的诺夫哥罗德中心和中部的弗拉基米尔-苏兹达尔中心等,使得统一的基辅罗斯逐渐形成了封建割据的局面,这也引起了俄罗斯爱国人士的深深担忧,因而这一时期文学作品的主题集中为呼吁国家统一和民族团结,其中最能表现时代特征的是英雄史诗《伊戈尔远征记》。

《伊戈尔远征记》(«Слово о полку Игореве») 大致形成于1185～1187年,作者不详。1792年末被古罗斯手稿收藏家穆辛-普希金发现,并于1800年用现代俄语正式出版。该书以真实的历史事件为素材进行创作。12世纪末,罗斯大地大小公国林立,罗斯封建割据局面形成,基辅大公失去了全罗斯的统治权威。南部波罗维茨人屡屡进犯,1184年,基辅大公斯维亚特斯拉夫(Святослав)与罗斯南部诸王公联盟,征讨波罗维茨人,大胜而归。出于对成功和荣誉的渴望,次年伊戈尔大公单独出兵攻打波罗维茨人,结果战败被俘,虽最终成功出逃,但此次失败给罗斯带来了深重的灾难。

《伊戈尔远征记》分为3个部分,第一部分讲述了伊戈尔不顾自然界种种不祥预兆,草率出征,首战告捷,但第二次交战则寡不敌众,决战中几乎全军覆没,伊戈尔也被俘。第二部分描写基辅大公斯维亚特斯拉夫得知伊戈尔失败后的"金言",他一方面谴责伊戈尔追逐个人荣誉,忤逆最高首领——基辅大公所导致的恶果,另一方缅怀过去与诸侯大公团结一致共击外敌的光荣岁月,对如今公国内讧、诸侯见死不救的行为进行谴责。第三部分叙述伊戈尔的妻子雅罗斯拉夫娜的哭诉,以及伊戈尔的成功出逃。其中第二部分是全书的核心,它借基辅大公之口表达了全诗的中心思想——封建割据局面关系着俄罗斯国家的生死存亡,各公国应该汲取失败教训,团结统一,同仇敌忾,建立一个强大的俄罗斯。

在人物塑造方面,《伊戈尔远征记》不仅描绘了一系列英勇善战、誓死保卫国土的爱国将士形象,还塑造了俄罗斯文学中第一个优美的妇女形象——雅罗斯拉夫娜。她忠贞、勇敢、坚强,是古代俄罗斯女性美德的集中体现。她的哭诉不仅代表她个人的悲伤,更代表了所有俄罗斯妻子和母亲的悲伤。她向伟大的自然力请求,向风、向太阳、向第聂伯河请求,不但请求拯救她被俘的丈夫,也请求拯救随丈夫出征的所有俄罗斯战士,充满了博爱思想和爱国情怀。雅罗斯拉夫娜的哭泣是俄罗斯文学人道主义传统的最早起源,也是长诗中最感人的段落:

光明的、三倍光明的太阳啊!
你对什么人都是温暖而美丽的:
你为什么要把你那炙热的光芒
射到我丈夫的战士们身上?
为什么在那干旱的草原里,
你用干渴扭弯了他们的弓,
用忧愁塞住了他们的箭囊?

除了生动感人的人物形象,大自然也是作品中一个独特的主人公。作者利用拟人的手法使大自然参与到伊戈尔出征的全程中。比如伊戈尔出征时,自然界通过"日食"以及鸟群和狼群、雄鹰、狐狸等动物的反常行为暗示伊戈尔此行的凶险;伊戈尔遇险被俘,自然界的暗淡是对伊戈尔的关切和担忧;伊戈尔出逃之时,乌鸦、寒鸦、喜鹊、啄木鸟、夜莺等各种动物都在暗暗给予帮助,形成了人的世界与自然界和谐共处的氛围。

《伊戈尔远征记》不仅拥有重要的政治意义,各种艺术手法(比喻、拟人、排比、夸张等)的大量使用也使其具有很高的艺术和文学价值,成为古代俄罗斯最著名的文学作品,并可与欧洲中世纪的《罗兰之歌》《熙德之歌》《尼伯龙根之歌》等史诗并驾齐驱。

3. 蒙古鞑靼统治与俄罗斯中央集权国家形成时期的文学(13 世纪下半叶~15 世纪)

1237 年,钦察汗国先后征服梁赞、东北罗斯、西南罗斯,于 1240 年入侵基辅,至 1480 年莫斯科大公国独立,蒙古鞑靼开启了对俄罗斯长达 240 年的统治。蒙古人的入侵严重地摧残了俄罗斯的物质、精神文化,给俄罗斯人民带来了深重的灾难。这一时期的文学主题单一,多为记录抵抗钦察汗国入侵的著名战役,带有强烈的悲剧抒情色彩和高涨的爱国主义热情,经典作品有《拔都攻占梁赞的故事》《亚历山大·涅夫斯基传》《罗斯国的灭亡》《顿河彼岸之战》等。

《拔都攻占梁赞的故事》(«Повесть о разорении Рязани Батыем»)描绘了拔都率军攻占梁赞,梁赞大公与民众奋起保卫城池,但终因寡不敌众英勇牺牲。大公的弟弟叶夫巴季·柯洛夫拉特闻讯赶回,看到被血洗的梁赞城尸横遍野,无比愤怒,于是召集七百武士进行复仇,最终战死沙场。虽然叶夫巴季的复仇以失败而告终,但他的神勇果敢让拔都无比钦佩,拔都说:"如果有这样一个人为我效力,我会让他紧随左右,视若珍宝。"拔都甚至下令放回了劫后余生的战士,并让他们带走自己统帅的尸体,这从侧面也衬托了叶夫巴季勇士的高大形象。

《顿河彼岸之战》(«Задонщина»)在主题思想和表现形式上与《伊戈尔远征记》十分相似,但不同的是,《伊戈尔远征记》描绘的是伊戈尔出征的失败,而《顿河彼岸之战》讲述的是德米特里大公大败钦察汗国马麦汗的历史事件;前者由于战况的惨烈和俄罗斯大地的分裂而弥漫着深重的悲剧色彩,后者则因为北方各公国团结一致对抗外敌取得胜利而洋溢着节日的欢乐氛围;前者塑造的英雄形象是个体的,而后者是群体英雄图。

4. 中央集权国家时期的文学(16~17 世纪)

16 世纪的文学总体来说比较贫乏。1547 年,伊凡四世加冕称沙皇,不断加强中央集权,宣扬至高无上的君权,使得 16 世纪的文学以政论文为主,小说等个性鲜明的文学形式受到打压。

17世纪古代俄罗斯文学开始向新时期过渡，出现了新型文学体裁，比如音节诗、戏剧和长篇小说等。文学中的批评、讽刺和政论因素加强，小说也更加富有生活气息，专职作家的出现使得作品中个人情感与思想的表达要求明显，文学的个性意识全面觉醒。

西梅翁·波洛茨基(Симеон Полоцкий，1629~1680)是俄罗斯历史上第一位诗人，是俄罗斯音节诗(即诗句每行有固定的11或13个音节，每两行一押韵)的缔造者。作为宫廷诗人，他的诗歌内容主要是为君主歌功颂德以及庆贺宫廷喜庆活动，诗歌语言只用崇高语体的纯书面语，相当古雅。

17世纪下半叶，俄国第一座宫廷剧院建立。宫廷剧院的出现促进了学校戏剧的发展，学校戏剧的开山之作为波洛茨基《关于一个浪子的寓言剧》(«Комедия притчи о блудном сыне»)，该剧也是古典主义戏剧的先声。

17世纪从西方翻译过来的大量世俗性文学作品如故事、笑话和骑士小说等对这一阶段的俄罗斯小说产生了很大影响，使其逐渐摆脱事务功能和束缚，逐步走向"世俗化"。《不幸和厄运的故事》描写的是年轻一代想要摒弃古老家庭生活习惯和道德要求而不得的悲剧命运；《萨瓦·格鲁德岑的故事》通过一个"奇迹故事"和一个"魔幻故事"讲述了富商格鲁德岑-乌索夫一家遭受的苦难；《弗洛尔·斯科别耶夫的故事》述说的是一个没落贵族子弟骗取大家小姐的爱情，又设计迫使其父同意两人婚事，还获得大笔财产的故事；以民间故事为基础创作的《不公正的审判》(又称《舍米亚金的审判》)讽刺了官僚机构腐败昏庸，法庭草菅人命和法官贪污受贿、贪得无厌的现实，是这一时期讽刺故事的杰作。此类故事带有鲜明的民主色彩和现实主义倾向，为俄罗斯讽刺文学和批判主义文学的发展奠定了基础。

二、彼得大帝和叶卡捷琳娜二世时代文学

在彼得大帝和叶卡捷琳娜二世统治时期，俄国展开了广泛的"西化"运动。在这场运动中，俄国人学习法国、德国等西欧国家风范，以改进自己在经济、文化上的落后局面。

1. 18世纪上半叶的俄罗斯文学

18世纪前25年(即彼得大帝时期)俄罗斯诗歌没有突出成就，直到18世纪30~50年代，古典主义的兴起掀起了俄罗斯诗歌的新浪潮。古典主义(классицизм)起源于17世纪君主制极盛的法国，政治上要求拥护王权，歌颂开明君主；思想上要求克制个人情欲，理性至上；艺术上以古希腊、罗马文学为典范，借古喻今。古典主义将文学体裁分为3个等级：高级体裁(史诗、颂诗和悲剧)、中级体裁(戏剧、诗体书信、

田园诗、哀歌)和低级体裁(喜剧、小说、寓言和滑稽讽刺诗等),其中,高级体裁占主导地位,主人公几乎都是王公贵族。戏剧方面严格遵循"三一律"(剧情需单一,且发生在一天内的同一地点),虽达到了集中剧情、加剧冲突的效果,但也容易造成人物类型化、单一化的结果。俄国古典主义文学的产生比法国要晚一百年,在继承法国古典主义基本原则的基础上也形成了自己的特点:密切关注俄国社会现实,充满战斗性,有讽刺倾向;与俄国的诗体改革和民间口头创作联系紧密;写作素材多取材于本国历史。俄国古典主义的代表人物有:康捷米尔、罗蒙诺索夫和苏马罗科夫等。

(1)康捷米尔。

康捷米尔(А. Д. Кантемир,1708~1744),俄国第一位讽刺诗人,也是翻译家和外交家。

康捷米尔出身贵族,从小受到良好的教育,一生写有9篇讽刺诗,主题多为拥护彼得大帝改革,反对保守势力;批判封建等级制度,抨击地主阶级,为农民请命;歌颂知识、理性和美德;强调教育的重要性等。较著名的有《告理智或致诽谤学术者》《致缪斯——论讽刺作品的危险性》等。

(2)罗蒙诺索夫。

罗蒙诺索夫(М. В. Ломоносов,1711~1765),诗人、思想家、教育家、科学家。罗蒙诺索夫出身于一个农民兼渔民的家庭,接受过简单教育,后离家进入斯拉夫希腊拉丁语学院学习,后被派往圣彼得堡和德国学习,博学多才,是一位百科全书式的人物,在文学、教育、科学等各个方面都有重大贡献,被誉为"文学上的彼得大帝"和"俄国科学之父"。

罗蒙诺索夫是俄罗斯古典主义文学的奠基人,其创作以颂诗为主,主题有歌颂祖国、开明君主和英雄人物的颂诗,如《伊丽莎白女皇登基日颂》《与阿那克里翁的对话》等,也有崇尚科学和理性的"科学诗"。他还根据古典主义的原则将文学体裁严格划分为高、中、低三种,并规定每种体裁所允许使用的词汇,为克服当时俄语的混杂现象,创造统一、规范的俄语语言打下了基础。此外,他的诗体改革(用重音诗体彻底代替音节诗体)解决了俄语诗歌的形式问题,大大推进了俄语诗歌的发展,其确立的作诗法沿用至今。

(3)苏马罗科夫。

苏马罗科夫(А. П. Сумароков,1717~1777),诗人、作家。

苏马罗科夫出身于世袭贵族家庭,但他主张所有文学体裁都是平等的,更加关注中级和低级体裁。苏马罗科夫的诗歌以抒情诗最为出名,主要描绘爱情,感情细腻、表达含蓄,如《原谅我,亲爱的》。苏马罗科夫最大的成就是在戏剧领域,创作了9部悲剧和12部喜剧,被认为是古典主义戏剧的奠基人。其悲剧多取材于俄国本国历史,基本冲突为理智与情感、社会责任与个人爱情间的矛盾与斗争,但总是前者取胜,颂扬贵族"公民"美德,具有道德教育性质,代表作《伪皇自僭王德米特里》(«Дмитрий Самозванец»)成为俄罗斯政治题材悲剧的开端。他的喜剧以讽刺人物身上的恶习为主,富有批判、战斗精神,如《监护人》《高利贷者》和《假想的戴绿帽子者》等。

2.18世纪下半叶的俄罗斯文学

18世纪下半叶主要为叶卡捷琳娜二世执政时期(1762~1796),经济上较为繁荣,政治上对外扩张侵略,对内镇压农民起义,农奴制达到顶峰,社会矛盾加剧,再加上西方文化思潮的涌入,整个俄国社会思想活跃,讽刺杂志(如《雄蜂》等)不断涌现。此外,古典主义文学有了新突破,感伤主义思潮形成,并成为主流思潮,现实主义进一步发展。

感伤主义(сентиментализм)起源于18世纪中叶的英国,后经由欧洲大陆传到俄国。俄国感伤主义萌芽于18世纪60年代,18世纪90年代达到顶峰。俄国农奴制的残酷、普加乔夫起义的刺激和法国大革命的冲击使得俄国贵族知识分子对封建专制制度犹豫、失望,为感伤主义的产生创造了条件。俄国感伤主义基本特征:第一,感伤主义反对古典主义的"理性崇拜",推崇感情,关注的中心是具有个性的"人",着重描绘人物的不幸遭遇和痛苦命运,富有情感感染力,以期引起读者共鸣。第二,主人公从古典主义的王公贵族逐步转向中下阶层,更加民主化。第三,创作体裁主要为哀歌、日记、旅行记、书信体小说、家庭心理小说等。第四,语言比较口语化,贴近民众生活,创作基调较为低沉、阴暗和郁闷。俄国感伤主义的代表人物为杰尔查文、冯维辛、卡拉姆津、拉吉舍夫等。

(1)杰尔查文。

杰尔查文(Г. Р. Державин,1743~1816),18世纪俄国最优秀的诗人之一。

杰尔查文出身贵族,官至内阁秘书和司法部长。早期作品多模仿罗蒙诺索夫,所作颂诗缺乏创造性。后期突破古典主义严格的体裁限制,将歌颂与讽刺相结合,创造了"讽刺颂诗"的诗歌新模式。在代表作《费丽察颂》(«Фелица»)中,诗人一方面将费丽察公主比作女皇,通过其具体言行,间接赞美女皇勤政爱民的美德,克服了以往颂诗抽象、空洞的歌颂;另一方面,对其周遭权臣的恶行恶习进行讽刺、批判,具有强烈的揭露性,此类诗歌还有《致君主与法官》(«Властителям и судиям»)等。

(2)冯维辛。

冯维辛(Д. И. Фонвизин,1745~1792)出身于贵族家庭,18世纪下半叶俄国最卓越的戏剧家之一。

冯维辛的代表作是被称为俄国第一部现实主义喜剧的《纨绔少年》(«Недоросль»)。《纨绔少年》围绕子女的婚姻展开情节:女农奴主普罗斯塔柯娃原打算将善良的养女索菲亚嫁给自己的弟弟,但在得知养女即将获得大笔遗产后,就强迫她嫁给自己愚昧无知的儿子米特罗凡,甚至策划暴力劫持,可谓无所不用其极,但最终未能如愿,索菲亚在舅舅的保护下与自己心爱的青年米隆结婚。作品通过大量生活场景的描绘(如吃饭、喝茶、打牌、下棋、量体裁衣等),展现了当时贵族农奴主生活的真实场景,塑造了两个富有血肉的人物角色:一个是对农奴非打即骂、残酷剥削,对儿子溺爱无度的愚昧、野蛮的典型农奴主形象——普罗斯塔柯娃,另一个则是好吃懒做、蛮横无理、自私无情的典型纨绔子弟形象——米特罗凡(名言"我不要学习,我要结婚!"),通过他们批判了贵族阶层不学无术、放任自流的寄生生活,也引起社会对正确教育方式的思考,在当时曾引起强烈的社会反响,可谓18世纪戏剧的经典之作。

(3)卡拉姆津。

卡拉姆津(Н. М. Карамзин,1766~1826)出身于地主家庭,是18世纪末著名作家、历史学家。

卡拉姆津是感伤主义的代表作家,主要作品有《一个俄国旅行家的信札》和《可怜的丽莎》等。前者为书信体裁,是在其1789~1790年西欧之行的旅行记基础上加工而成的,以较为自由的形式记录了作家一路的见闻,作品突出表现旅途中的个人体验和心理感受;后者既是作家最著名的中篇小说,也是感伤主义的扛鼎之作,讲述了农家少女丽莎和贵族子弟艾拉斯特相爱,但终被抛弃而投河自杀的伤感爱情故事。作者深入人物内心,突出描绘其情感体验,以证明"农家妇女也会爱"。在人物塑造方面,女主人公丽莎纯洁善良、温柔多情、忠贞不渝,是"大自然"的化身;男主人公虽善良,但却受到上流社会的污染,沾染了纨绔子弟的恶习,更多体现了人的"社会性",而他对丽莎之死所表现出的痛苦和悔恨使得这个人物更加丰满。然而,作者将丽莎的悲剧归咎为贵族公子的轻率行为,并未触及社会等级制度,因此走的是浪漫主义和感伤主义路线。

(4)拉吉舍夫。

拉吉舍夫(А. Н. Радищев,1749~1802),18世纪俄国文学的中心人物,作家、启蒙主义学者,"俄国第一位知识分子"(первый русский интеллигент)。

1790年,拉吉舍夫出版了代表作《从彼得堡到莫斯科旅行记》(«Путешествие из Петербурга в Москву»)。作品以一次假想的旅行为线索,描绘沿途人民遭遇到的非人压迫和剥削,尖锐地揭露农奴制度、专制制度的罪恶,指出沙皇是双手沾满了鲜血的头号罪犯,农民被剥夺得只剩下没法夺走的空气。该书出版后立即被封禁。叶卡捷琳娜二世没读完一半,就禁不住大怒,称作者是"比普加乔夫更坏的暴徒"。叶卡捷琳娜二世将拉吉舍夫判处死刑,后改判为十年期西伯利亚流放。在西伯利亚的伊尔库茨克流放6年后,1796年,保罗一世(Павел I)即位后,拉吉舍夫被大赦。1801年,拉吉舍夫回到彼得堡(圣彼得堡的别称)参加了沙皇政府法制委员会的工作,提出法律改革草案,重申废除农奴制度的主张。《从彼得堡到莫斯科旅行记》堪称是"俄国启蒙时代的百科全书"。

三、黄金时代文学

19世纪,俄国诞生了浪漫主义和现实主义两大文学流派,并且开始创作有俄国民族特色的文学,诗歌、小说和戏剧都达到不同程度的高峰,涌现出普希金、屠格列夫、果戈理、托尔斯泰、陀思妥耶夫斯基、契诃夫等文学巨匠,形成了群星璀璨的俄罗斯文学的"黄金时代"(Золотой век)。

1. 黄金时代的浪漫主义文学(19世纪前25年)

19世纪前25年俄国浪漫主义(романтизм)文学上升到主导地位。浪漫主义文学不刻意突出人的理性,而是深入发掘人类的感情世界,通过瑰丽的想象和夸张的手法塑造特点鲜明的人物形象。在创作风格上,以想象力丰富的构思和跌宕起伏的情节为主要特征。在题材与主题的表现上富于传奇性、奇特性。俄国积极浪漫主义(активный романтизм)诗歌的代表是早期的普希金和莱蒙托夫。俄罗斯诗歌的"黄金时代"以丘特切夫的哲理诗和爱情抒情诗而告终。

(1)普希金。

普希金(А. С. Пушкин,1799~1837),俄罗斯民族文学的开创者和奠基人。普希金擅长各种文体,在诗歌、小说、戏剧乃至童话等各个领域都独领风骚。普希金是俄罗斯现代标准语(современный литературный русский язык)的创始者,俄国积极浪漫主义诗歌的主要代表,也是现实主义文学的奠基人。普希金的时代是俄罗斯诗歌的"黄金时代",而普希金则被誉为"俄罗斯诗歌的太阳"(Солнце русской поэзии)、"一切开端的开端"(начало всех начал)。

《鲁斯兰和柳德米拉》①(«Руслан и Людмила»)是普希金的第一部长诗(поэма),取材于俄罗斯历史。

以普加乔夫农民起义为题材的小说(роман或повесть)《上尉的女儿》(«Капитанская дочка»)表现了同情人民命运的民主思想,显示了作家朴素简洁的创作风格。

普希金的《自由颂》(«Вольность»)、《致恰达耶夫》(«К Чаадаеву»)等诗歌,表达了当代先进青年追求自由、矢忠贵族革命的思想。这些诗歌在十二月党人之间广泛传颂,因此,普希金享有"十二月党人运动的歌手"之称。这些诗歌触怒了亚历

---

① 《鲁斯兰和柳德米拉》是一首长篇童话叙事诗。这首长诗里的许多故事都取材于民间传说。在这首诗里,普希金歌颂了坚贞的爱情和刚毅的品格。

山大一世，给普希金招致了第一次政治流放，即"南方流放"（южная ссылка）。普希金于1820年5月到南俄后，先后在叶卡捷琳诺斯拉夫和基希尼奥夫等地逗留，并赴高加索和克里米亚等地。南俄一带是十二月党人南社的据点，普希金和他们关系密切，在思想上受他们的影响。流放生活和南方的自然风光也在这一时期普希金的创作中留下了印记。南方流放时期是普希金浪漫主义诗歌创作的高潮时期。在此期间，他创作了4部著名的浪漫主义叙事诗：《高加索的俘虏》（«Кавказский пленник»）、《强盗兄弟》（«Братья разбойники»）、《巴赫契萨拉伊泪泉》（«Бахчисарайский фонтан»）和《茨冈》（«Цыганы»）。

1830年，普希金在波尔金诺滞留期间完成了长篇诗体小说（роман в стихах）《叶甫盖尼·奥涅金》①（«Евгений Онегин»）部分章节、《别尔金小说集》（«Повести Белкина»，全称«Повести покойного Ивана Петровича Белкина»）及其他一系列作品，这是诗人一生中创作的丰产期，在文学史上被称为"波尔金诺之秋"（Болдинская осень）。《别尔金小说集》收入了5篇短篇小说，即《棺材匠》（«Гробовщик»）、《驿站长》②（«Станционный смотритель»）、《村姑小姐》（«Барышня-кре-

---

① 《叶甫盖尼·奥涅金》讲述厌倦了上流社会生活的奥涅金（Евгений Онегин）来到外省的乡下，和热情单纯的年轻诗人连斯基（Владимир Ленский）成了好友，并在他介绍下与拉林娜老太太一家结识。拉林娜的次女、活泼的奥丽加（Ольга Ларина）和连斯基相爱，而她的长女、文静的达吉雅娜（Татьяна Ларина）爱上了奥涅金。一次，连斯基竭力邀请奥涅金参加拉林家的聚会，承诺只有家人参加，结果到了现场，满屋宾朋。奥涅金感觉受到欺骗，非常生连斯基的气，就想当众羞辱他。明知年轻诗人冲动、爱吃醋的热烈性格，奥涅金残忍地一次次请连斯基未来的新娘奥丽加跳舞。奥丽加年轻无知，每一次都接受了邀请，这让连斯基非常丢脸。为了保卫自己的名誉和爱情，他向奥涅金提出决斗。奥涅金本来不想与自己在乡下这唯一的朋友决斗，出于对受到上流社会指责、导致自己名声受损的恐惧，他接受了决斗的挑战。连斯基和奥涅金谁都没想到会打死对方。但是奥涅金先开枪，连斯基应声倒下。此后，奥涅金受到良心的谴责，浪迹天涯。当他在一次社交活动中再次见到达吉雅娜时，她已经嫁给了一位将军，成了上流社会社交圈中的女王。奥涅金感觉自己爱上了她，不顾她已为人妇的身份，向她表达爱慕之情。达吉雅娜哭泣，承认自己还爱着奥涅金，但是她已是别人的妻子，她要忠于自己的家庭。此时，达吉雅娜的丈夫走了进来，故事在奥涅金的尴尬中结束。

② 《驿站长》中作者以别尔金为笔名叙述了驿站长维林（Самсон Вырин）辛酸悲惨的一生。小说通过别尔金三次经过驿站的所见所闻构成了一个完整的"小人物"故事。"我"第一次在风雪中来到一个偏僻的驿站时，遇到了驿站长和他活泼美丽的女儿杜尼娅（Дуня），父女俩相依为命的日子单调但也其乐融融。当"我"第二次在风雪中来到该驿站时，驿站长变得衰老，絮絮叨叨地诉说了他的女儿杜尼娅被一个骠骑兵明斯基（Минский）骗走的经过。当"我"最后一次经过驿站时，驿站长已经死了。作者站在驿站长的坟前，给了带路的小男孩几个钱。那小男孩说，几年前有一个官家少妇带着两个小少爷在坟前哭了一场，给了带路的他好多钱。

стьянка»)、《射击》(«Выстрел»)和《暴风雪》(«Метель»)。普希金的诗歌气势磅礴，充满了浪漫主义的激情。可是，这5篇小说却是典型的现实主义写法，以写人记事的手法来展现俄罗斯底层人物的命运，人物塑造得活灵活现，小说语言清新生动，干净利落，堪称经典。

在俄国文学史上，普希金的小说《驿站长》中第一次塑造了"小人物"①（маленький человек）形象。"小人物"的主题突出显示出俄罗斯文学的人道主义精神、对人的关爱、对被压迫者的同情、对恶势力的批判和抗议，开创了俄罗斯文学的优良传统。

长诗《青铜骑士》②（«Медный всадник»）是普希金19世纪30年代最重要的作品之一，体现了诗人对历史和现实的深刻反思。普希金的长篇诗体小说《叶甫盖尼·奥涅金》是俄罗斯第一部现实主义作品，被公认为俄国现实主义文学的奠基之作。普希金在小说中塑造了俄罗斯文学史上贵族青年"多余人"③（лишний человек）的第一个典型。作品用奥涅金的冷漠与怀疑、连斯基的理想主义与热情、

---

① 继普希金之后，果戈理在小说《外套》(«Шинель»)、屠格涅夫在小说《木木》(«Муму»)、陀思妥耶夫斯基在小说《穷人》(«Бедные люди»)、契诃夫在小说《苦恼》(«Тоска»)中都触及了"小人物"形象。

② 叙事诗《青铜骑士》的引子是对彼得一世的历史功勋和彼得堡雄伟外观的热情赞颂，正文则是叙述彼得堡1824年水灾中一个"小人物"的悲剧。叶甫盖尼（Евгений）是一个社会地位低下的小官员，但他早已忘记自己渊源久远的贵族家谱，只想依靠辛辛苦苦的劳动换取做人的尊严。他准备同和他同样贫困的姑娘芭拉莎（Параша）结婚，然而一场洪水使他的梦想化为泡影，芭拉莎母女连同她们的小屋被洪水冲得无影无踪。叶甫盖尼在悲痛中发了疯，后来人们在一个岛上的破屋前发现了他的尸体。正文中"可怜的叶甫盖尼"的悲剧、芭拉莎母女破旧的小屋和彼得堡富丽堂皇的外表形成强烈对比，这就是普希金在这首被他称为"彼得堡故事"的叙事诗中所要表现的充满矛盾的现实。

③ "多余人"是19世纪俄国文学中描绘的一种典型的贵族知识分子形象。他们出身贵族，生活在优越的环境中，受过良好的教育。他们虽有高尚的理想，却远离人民；虽不满现实，却缺少行动，他们是"思想上的巨人，行动上的矮子"，只能在愤世嫉俗中白白地浪费自己的才华。他们既不愿站在政府的一边，与统治阶级同流合污；又不能和人民站在一起，反对专制制度和农奴制度。他们心仪西方的自由思想，不满俄国的现状，又无法改变这种现状。"多余人"形象最早是在普希金的《叶甫盖尼·奥涅金》里的主人公奥涅金身上体现的，在某种意义上可以说奥涅金是"多余人"的鼻祖，而这一形象真正地广为流传是在屠格涅夫1850年发表的中篇小说《多余人日记》(«Дневник лишнего человека»)之后才更加深入人心的。之后"多余人"又有赫尔岑《谁之罪》(«Кто виноват»)中的别尔托夫（Бельтов）、莱蒙托夫《当代英雄》(«Герой нашего времени»)中的毕巧林（Печорин）、屠格涅夫《罗亭》(«Рудин»)中的罗亭（Рудин）、冈察洛夫《奥勃洛摩夫》(«Обломов»)中的奥勃洛摩夫（Обломов）等。

达吉雅娜的纯洁与孤寂真实地表现了当时俄国青年的苦闷、探求和觉醒,提出了许多重要的社会问题,因此,别林斯基把它称为"俄罗斯生活的百科全书"(энциклопедия русской жизни)。

(2)莱蒙托夫。

莱蒙托夫(М. Ю. Лермонтов,1814~1841),19世纪俄国著名诗人和小说家。

莱蒙托夫的诗歌和小说多半表达贵族革命失败后先进知识分子的苦闷、悲愤情绪,塑造因对现实不满而发出抗议的叛逆性格。其著名诗篇有《诗人之死》(«Смерть поэта»)、《帆》(«Парус»)等。

1837年2月,普希金遇难,莱蒙托夫发表了《诗人之死》一诗,愤怒指出杀害普希金的凶手就是俄国上流社会。这首带有强烈政治色彩的诗篇震撼了俄国文坛,奠定了诗人作为普希金继承者的地位,然而却遭到沙皇的仇视,莱蒙托夫因此被流放高加索。

《当代英雄》[①](«Герой нашего времени»)是俄罗斯文学中的第一部心理小说(лирико-психологический роман),也是最优秀的心理小说之一。《当代英雄》是莱蒙托夫创作的最高成就,是俄国文学中继普希金的长篇诗体小说《叶甫盖尼·奥涅金》之后现实主义小说创作的一个重大成就。

(3)丘特切夫。

丘特切夫(Ф. И. Тютчев,1803~1873),俄国诗人,他把诗歌与哲学联系起来,用诗歌表明自己的哲学信念。

丘特切夫的主要作品有《春日的雷雨》(«Весенняя гроза»)、《春潮》(«Весенние воды»)和《用理智无法理解俄罗斯》(«Умом Россию не понять...»)等。丘

---

① 《当代英雄》是莱蒙托夫的长篇小说。主人公毕巧林(Печорин)是青年贵族军官,过着空虚无聊的生活,然而他内心深处埋藏着对有所作为的渴望。莱蒙托夫选取了毕巧林生活中的不同片断,从不同角度予以再现。《当代英雄》由5个故事组成,每个故事讲一个片断。第一篇《贝拉》(«Бэла»)讲述毕巧林遇到年轻淳朴的贝拉,希望从对她的爱中汲取新的生活动力,可这份爱非但没能拯救他反而给贝拉带来了毁灭。第二篇《马克西姆·马克西梅奇》(«Максим Максимыч»)讲述毕巧林从前的指挥官和朋友马克西姆·马克西梅奇与冷漠的主人公的会面。小说主人公的悲剧通过毕巧林的日记在心理层面上得到深化。日记分为3个故事,这便是相对独立的《塔曼》(«Тамань»)、《梅丽公爵小姐》(«Княжна Мери»)和《宿命论者》(«Фаталист»)。《塔曼》讲述毕巧林出于好奇跟踪走私者险些丧命。《梅丽公爵小姐》讲述在疗养期间,毕巧林出于对格鲁西尼茨基的妒忌,同时也是为了间接地接近旧日情人维拉而佯装追求梅丽公爵小姐,因而遭到格鲁西尼茨基的报复。毕巧林决定以一场决斗了结此事。他杀死了格鲁西尼茨基,抛弃了梅丽公爵小姐,但维拉已悄悄离他而去。《宿命论者》是一个心理故事,也是最后一篇小说,证明毕巧林是可以有所作为的。

特切夫一生的诗作约有 400 首。早期个别的诗有明确的社会意义,其他大多为哲理、爱情、风景诗。丘特切夫的诗有现实生活的基础,他曾说:"为使诗歌繁荣,它应当扎根于土壤中。"丘特切夫肯定重大社会变革的必要性,同时又惧怕革命,因此诗中常反映出对革命风暴的预感和心灵的不安状态。丘特切夫的情诗描写细腻;在表现自然风景方面,他善于刻画季节的变化和内心的感受。

2. 黄金时代的现实主义文学(19 世纪 40 年代至 19 世纪末)

1825 年到 19 世纪 40 年代是俄国现实主义(реализм)文学从萌芽、形成到完全确立的时期。现实主义侧重如实地反映现实生活,按照生活的本来样式精确细腻地加以描写,力求真实地再现典型环境中的典型人物。19 世纪俄国现实主义文学的成就远远高于浪漫主义文学,俄国成为欧洲大陆唯一可与法国匹敌的文学大国。19 世纪俄国现实主义文学成就最高的是小说,诞生了一批世界级的小说大师,包括果戈理、屠格涅夫、陀思妥耶夫斯基、列夫·托尔斯泰和契诃夫等。

(1)果戈理。

果戈理(Н. В. Гоголь,1809~1852),19 世纪俄国现实主义文学的奠基人,在确立俄国文学的批判倾向中起过特殊作用,俄罗斯批判现实主义(也被称为"自然派")的奠基人(основатель русского критического реализма, так называемой «натуральной школы»)。果戈理被称为"俄罗斯散文之父"(отец русской прозы)。

果戈理的作品将辛辣的嘲笑和幽默的讽刺相结合,擅长运用变形、夸张和荒诞等笔法,对叙事世界进行陌生化处理,使日常生活事件变得离奇古怪,进而使其作品获得了魔幻现实主义色彩。

果戈理短篇小说的代表作是小说集《狄康卡近乡夜话》(«Вечера на хуторе близ Диканьки»)、《密尔格拉得》(«Миргород»)和《彼得堡故事》(«Петербургские повести»)等。

中篇小说《外套》①(«Шинель»)表现了"小人物"的悲惨命运,陀思妥耶夫斯基曾坦言道:"我们所有人都是出自果戈理的《外套》。"

---

① 《外套》描写了七品文官阿卡基·阿卡基耶维奇(Акакий Акакиевич)在旧外套实在破得不能穿的情况下费尽心思攒钱买了件新外套,却被人抢走,不幸郁郁而终的故事。

俄罗斯国情

讽刺喜剧《钦差大臣》①（《Ревизор》）揭露了俄国人民的两大敌人——俄国官僚和地主阶层的荒淫腐化、投机钻营等恶习。在《钦差大臣》整部作品中渗透着"含泪的笑"（смех сквозь слезы），这是别林斯基给予作家幽默与讽刺的高度评价。

（2）阿·奥斯特洛夫斯基。

阿·奥斯特洛夫斯基（А. Н. Островский，1823～1886），俄国杰出的剧作家，被称为"俄罗斯戏剧之父"（отец русской драматургии）。

阿·奥斯特洛夫斯基的主要作品有《大雷雨》②（《Гроза》）和《没有陪嫁的女人》③（《Бесприданница》）等。

---

① 《钦差大臣》讲述的故事发生在俄国的某个小城市。这个城市在粗鲁而贪婪的市长和一群本身是歹徒而实际是笨蛋的官吏主宰下变得腐败不堪。当这群贪官污吏风闻首都已派出微服私巡的钦差大臣时，每个人都慌乱得不知如何是好。正当此时，突然听到有一位叫赫列斯塔可夫（Хлестаков）的人正投宿于城内唯一的旅馆里。于是他们就误把这位外形不凡而实际上因赌博、游荡而辞官返乡途经此地的赫列斯塔可夫当作钦差大臣。市长立刻在家里举行了一个盛大的欢迎会，且不断贿赂这位年轻人。在市长等人的百般奉承之下，青年的心里萌生一个邪恶的念头——向市长的女儿求婚。而市长则以为只要和他攀上了关系，就能打开在首都升官发财的门路，欣然允诺。然而，这名青年却因担心骗局被揭穿而匆忙逃走。当市长官邸里正处于热闹的高潮时，邮局局长手捧一封信走进来。那封信是青年写给彼得堡的朋友的，他在信里大肆嘲笑那些把自己误认为是钦差大臣的笨蛋，并为每一个官吏取了一个令人难堪的绰号。当市长与官吏们正为这件事而哑然失声时，真正的钦差大臣来了。帷幕就在呆若木鸡的人们面前落下。

② 《大雷雨》塑造了一个在"黑暗王国"中不堪凌辱、以死反抗旧势力的形象——卡捷琳娜（Катерина）。卡捷琳娜婚前在母亲的呵护下生活得无忧无虑。婚后，她来到一个偏僻闭塞、生活死气沉沉的小镇。婆婆卡巴诺娃（Кабанова）伪善专横，刚愎自用，恪守着宗法制的旧风俗，百般折磨和凌辱卡捷琳娜。卡捷琳娜的丈夫季洪（Тихон）软弱可怜，对母亲唯命是从。在这个令人窒息的"黑暗王国"中，卡捷琳娜失去了生活的乐趣，失去了知心的亲人，精神上极为痛苦。她曾指望用善良的行为来换取婆婆对自己人格的尊重，但是她的希望落空了。就在这时她遇到了朴实的青年鲍里斯（Борис），一种不可遏制的对自由、对幸福的渴望迸发出来，她与鲍里斯热烈地相爱了。可惜鲍里斯并不是一个强者，他没有帮助卡捷琳娜获得新生活的勇气和力量，反而独自远走他乡。卡捷琳娜的幻想破灭了，她毅然投河自尽，以死来反抗"黑暗王国"的野蛮统治。

③ 《没有陪嫁的女人》讲述了家道中落的贵妇人奥古达洛娃的大女儿、二女儿都出嫁了，只有才貌双全的小女儿拉丽莎（Лариса Огудалова）待字闺中。拉丽莎倾心于潇洒的大富豪巴拉托夫（Паратов），而同时，一个既无钱又无地位的邮政部门小职员卡朗戴雪夫（Карандышев）也在拼命追求拉丽莎。正当巴拉托夫和拉丽莎热恋之际，巴拉托夫因破产而出走。拉丽莎记恨心上人的同时又上了一个假银行家的当。于是她轻率地同卡朗戴雪夫订了婚。不久巴拉托夫回来了。尽管他已同有金矿做陪嫁的小姐订了婚，但仍花言巧语地把拉丽莎弄到了手，而另外两个富豪趁拉丽莎痛苦之际玩弄了她。追赶而来的卡朗戴雪夫要未婚妻同自己回去。这时的拉丽莎看透了一切，拒绝了所有的人。卡朗戴雪夫气极之下开枪打死了拉丽莎。

阿·奥斯特洛夫斯基一共创作了47个剧本,几乎是独自创造了俄国的国家保留剧目。在俄罗斯,阿·奥斯特洛夫斯基的剧本读者最多,而且经常在莫斯科小剧院(Малый театр)上演。小剧院的门前建有阿·奥斯特洛夫斯基的雕像。

(3)屠格涅夫。

屠格涅夫(И. С. Тургенев,1818~1883),19世纪俄国批判现实主义作家、诗人和剧作家。屠格涅夫是俄罗斯文学"三巨头"(屠格涅夫、陀思妥耶夫斯基、列夫·托尔斯泰)之一,是俄罗斯第一位在欧洲享有盛誉的杰出作家。

《猎人笔记》(«Записки охотника»)是屠格涅夫第一部现实主义巨著,真实地展现了农奴制背景下城乡各阶层民众的生活,屠格涅夫因该作品被放逐。

屠格涅夫在监禁中写成中篇小说《木木》(«Муму»),对农奴制表示抗议,其中塑造了"小人物"形象。

长篇小说《罗亭》①(«Рудин»)塑造了罗亭这一"多余人"形象。

长篇小说《贵族之家》②(«Дворянское гнездо»)和中篇小说《阿霞》(«Ася»)描写了贵族地主出身的知识分子好发议论而缺少斗争精神的性格。

长篇小说《父与子》③(«Отцы и дети»)刻画了贵族自由主义者同平民知识分子之间的思想冲突,这也是屠格涅夫小说中最优秀的作品。屠格涅夫以写作中篇

---

① 《罗亭》以主人公罗亭(Рудин)与娜塔莉亚(Наталья)的爱情为主要线索。主人公罗亭出身于破落的贵族之家,接受过大学教育,又曾到国外游历过,热爱自由,且能言善辩,向往追求理想的生活、事业和爱情,但他却是"语言的巨人、行动的矮子"。罗亭虽多有尝试,但却屡屡失败,一事无成。他赢得了单纯善良的姑娘娜塔莉亚的芳心,却屈服于娜塔莉亚母亲的意志而放弃了幸福。后来罗亭曾创办多种事业,却都以失败而结束。之后,他一直过着贫困潦倒与漂泊的生活。

② 《贵族之家》讲述了贵族青年拉夫列茨基(Лаврецкий)由于年轻时迷恋上了莫斯科退伍少将之女——美丽的瓦尔瓦拉(Варвара),并轻率地与她结了婚。后来夫妇定居巴黎,瓦尔瓦拉成为社交场上的"名人"。拉夫列茨基发现妻子不贞后愤然离家。回国后与莉莎(Лиза)邂逅,互生爱慕之心。这时报纸刊登了瓦尔瓦拉的死讯,这燃起了他对新的幸福追求的希望。就在他与莉莎互托终身后不久,瓦尔瓦拉突然出现。那则死讯竟是讹传。幸福的希望化为泡影。虽然拉夫列茨基在妻子的恳求下没有离婚,却从此一个人孤寂地度过余生。8年后当他故地重游再访莉莎家的宅邸时,已经物是人非,故人相继作古。年轻的一代长大成人,入住故宅。他在花园里的昔日与莉莎互表衷情的长椅上静静地回忆过去,然后悄然离去。

③ 《父与子》反映的主题是父辈与子辈之间的冲突。主人公巴扎罗夫(Базаров)代表的是激进的平民知识分子,而帕维尔(Павел)和尼古拉(Николай)则代表的是保守的自由主义贵族。两代人之间就如何对待贵族文化遗产、艺术与科学、人的行为准则、道德标准、社会与教育、个人的社会责任等问题各抒己见,他们之间的分歧和对立反映了时代的发展和社会的进步是不可阻挡的历史趋势。

和长篇小说为主,他的创作为俄国文学的发展做出了巨大贡献。

屠格涅夫善于细致雕琢女性艺术形象。"屠格涅夫家族的少女"(Тургеневская девушка)最为全面和充分地表现了俄罗斯文学的女性崇拜哲学观,具有永恒的艺术魅力、至高的伦理和审美价值。

(4)陀思妥耶夫斯基。

陀思妥耶夫斯基(Ф. М. Достоевский,1821～1881),19世纪俄国最伟大的文学家之一,世界文学史上最伟大的作家和思想家之一。

陀思妥耶夫斯基19世纪40年代发表的小说《穷人》①(«Бедные люди»)继承了普希金和果戈理描写"小人物"的传统,并在挖掘人物心理方面有新的突破,引起文学界的重视。

《被侮辱与被损害的》②(«Униженные и оскорбленные»)是陀思妥耶夫斯基创作的第一部长篇小说,描写了工厂主史密斯(Смит)和小地主伊赫缅涅夫(Ихменев)两家的不幸遭遇,对"被侮辱与被损害的"小人物给予深切的同情。

《死屋手记》③(«Записки из мертвого дома»)是陀思妥耶夫斯基在俄国农奴制改革时期发表的一部重要作品,作者以冷静、客观的笔调记述了苦役犯的生活,在揭露俄国监狱制度的野蛮、残酷的同时,探讨了犯罪的原因。

中篇小说《地下室手记》(«Записки из подполья»)是陀思妥耶夫斯基创作社会哲理小说的初步尝试。小说通过"地下室人"的形象,描述了一种存在的状态,

---

① 《穷人》采用书信体裁,描写年老贫穷的小官吏杰渥式庚(Девушкин)同情受地主迫害的孤女瓦尔瓦拉(Варвара),为了帮助她,自己搬到贫民窟,省吃俭用。后来,杰渥式庚越来越贫困,瓦尔瓦拉走投无路,只好嫁给地主为妾。小说真实地反映了穷人的痛苦生活,揭示了穷人的性格以及他们所受的种种委屈。同时,小说继承并发展了普希金《驿站长》和果戈理《外套》描写"小人物"的传统,对他们在物质和精神上备受欺凌、含垢忍辱的悲惨遭遇表示深切同情,唤醒他们抗议不合理的社会制度。

② 《被侮辱与被损害的》讲述的故事发生在19世纪50年代末的彼得堡,当时正值农奴制崩溃的时期。小说描写了冒险家、骗子瓦尔科夫斯基(Валковский)亲王同被他侮辱和损害的人们之间的矛盾冲突。瓦尔科夫斯基一手制造了两个家庭的悲剧:一是他侵吞了贫穷、没落的伊赫缅涅夫(Ихменев)贵族家庭仅有的一座田庄,并且为了娶拥有百万家产的卡佳(Катя)做儿媳而破坏了伊赫缅涅夫的女儿娜塔莎(Наташа)同自己的儿子阿廖沙(Алеша)的婚事;另一个是史密斯(Смит)老人一家,他的女儿被瓦尔科夫斯基始乱终弃,骗走了财产,死于贫病交迫之中,史密斯也最终死于贫困。史密斯的外孙女不能宽恕她的父亲——瓦尔科夫斯基,她的倔强、带有疯狂的反抗精神引起人们对"被侮辱与被损害"者的同情,对黑暗社会的憎恨,显示了小说的现实主义力量。

③ 《死屋手记》是一部描写沙俄时期监狱生活的小说。作者以亲身经历为基础,用客观、冷静的笔调记述了他在苦役期间的见闻,勾画出各种人物的独特个性。

并通过深层心理分析的方式,从内部直指人的生存状态,直面人的有限性以及对人的自由的反思。因此,该作品被认为是最早的存在主义哲学经典文献之一,对后世存在主义的发展和其他现代派作家的创作产生了重要的影响。

小说《白痴》①(«Идиот»)发展了"被侮辱与被损害的"主题。女主人公娜斯塔西亚(Настасья)强烈的叛逆性和梅什金(Мышкин)公爵的善良与纯洁使小说透出光明的色调。

长篇小说《罪与罚》②(«Преступление и наказание»)是陀思妥耶夫斯基第一部成功的社会哲理小说,为其带来了世界声誉。小说以19世纪60年代的彼得堡为背景,以大学生拉斯科尔尼科夫(Раскольников)关于两种人——"不平凡的人"和"普通的人"的"理论"、该理论的实践和破产为主线,描写了他的犯罪、犯罪前后的思想斗争以及所受到的良心和道德上的惩罚。具有双重人格的拉斯科尔尼科夫的形象体现了小说的基本主题。善良、积极的女主人公索尼娅(Соня)是作家的理想人物。在她身上重现了陀思妥耶夫斯基创作中对苦难的意义和价值的一贯观点。在《罪与罚》中陀思妥耶夫斯基充分显示了刻画人物心理的杰出才能,尤其善于刻画人物处于极度紧张、矛盾状态中失去自我控制的下意识活动。

---

① 《白痴》描写19世纪60年代出身贵族家庭的绝色女子娜斯塔西亚(Настасья)常年受地主托茨基蹂躏,后托茨基愿出一大笔钱把她嫁给卑鄙无耻的加尼亚。就在女主人公的生日晚会上,被人们视为白痴的年轻公爵梅什金(Мышкин)突然出现,他愿意无条件娶娜斯塔西亚为妻,这使她深受感动。在与公爵即将举行婚礼的那天,尽管她深爱着公爵,但还是跟花花公子罗果仁跑了,最后遭罗果仁杀害。小说对农奴制改革后的俄国上层社会做了广泛的描绘,涉及复杂的心理和道德问题。

② 《罪与罚》着重刻画了小说主人公犯罪后的心理变化,揭示俄国下层人民的苦难生活。在彼得堡贫民区一家公寓住着穷大学生拉斯科尔尼科夫(Раскольников)。他原在法律系求学,因交不起学费而被迫辍学,靠母亲和妹妹从拮据的生活费中节省下来的钱维持生活,他很久没交房租了。房东太太不仅停止供给他伙食,而且催租甚紧。这时他遇见了小公务员马尔美拉陀夫(Мармеладов),马尔美拉陀夫因失业而陷入绝境,长女索尼娅(Соня)被迫出去谋生。拉斯科尔尼科夫不愿像马尔美拉陀夫那样任人宰割,他打算采取某种行动来证明自己是一个很"不平凡的人"。拉斯科尔尼科夫杀了房东太太后,内心处于痛苦的矛盾冲突中,无法摆脱内心的恐惧,他感到自己原先一切美好的感情都随之泯灭了,这是比法律惩罚更严厉的良心惩罚。因此,他怀着痛苦的心情来到索尼娅处,向她说出了犯罪的真相与动机。在索尼娅的劝说下,他向警方投案自首。拉斯科尔尼科夫被判处8年苦役,来到了西伯利亚。不久,索尼娅也来到了这里。一天清晨,两人在河边相遇。他们以忏悔的心情承受一切苦难,获取精神上的新生。

长篇小说《卡拉马佐夫兄弟》①(《Братья Карамазовы》)是陀思妥耶夫斯基的最后一部巨著,一般被认为是其艺术创作的总结。小说描写了卡拉马佐夫一家的故事。这一"偶然组成的家庭"的内在矛盾使他们父子、兄弟四分五裂;各自不同的遭遇造成了他们思想感情上的对立;金钱和美色引起他们之间尖锐冲突,互相仇视,最终发生了弑父的惨剧。在这部小说中作家把展现现实生活图景、刻画人物与探讨俄国和人类命运的问题结合起来,提出了重要的社会政治、哲学、道德伦理问题。

陀思妥耶夫斯基擅长心理剖析,尤其是揭示内心分裂,他对人物形象的心理分析在世界文学中都无人能及。陀思妥耶夫斯基可以称为俄国文学史上社会哲理小说的开山鼻祖。

(5)列夫·托尔斯泰。

列夫·托尔斯泰(Л. Н. Толстой,1828~1910),俄国最著名的批判现实主义作家,列夫·托尔斯泰以自己的著作丰富了俄国文学和世界文学。

列夫·托尔斯泰的自传体小说三部曲——《童年》(《Детство》)、《少年》(《Отрочество》)和《青年》(《Юность》)通过贵族子弟从童年到青年的成长过程,反映了贵族地主的家庭生活和作者早期的思想探索。

列夫·托尔斯泰的三部巨著——《战争与和平》(《Война и мир》)、《安娜·卡列尼娜》(《Анна Каренина》)和《复活》②(《Воскресение》)是世界文学中的不朽名篇。三部长篇小说分别通过描写历史事件、家庭关系和贵族地主同农民的矛盾,展示俄国生活的画面。《战争与和平》是一部伟大的史诗性作品。列夫·托尔斯泰把史诗、历史小说和编年史诸种体裁样式的特点巧妙地融为一体,反映了从1805年到1825年十二月党人起义以前的整个历史时代。全书的重点是歌颂1812年俄国人民反对拿破仑侵略的卫国战争,突出了这场战争的人民性。《安娜·卡列尼

---

① 《卡拉马佐夫兄弟》通过一桩真实的弑父案,描写老卡拉马佐夫同3个儿子,即两代人之间的尖锐冲突。老卡拉马佐夫贪婪好色,独占妻子留给儿子们的遗产,并与长子德米特里为一个风流女子争风吃醋。一天黑夜,德米特里疑心自己的情人去跟父亲幽会,便闯入家园,一怒之下,差点儿把父亲砸死。德米特里仓皇逃离后,躲在暗中装病的老卡拉马佐夫的私生子斯麦尔佳科夫悄悄杀死父亲,造成了一桩震惊全俄的扑朔迷离的血案,从而引发了一连串惊心动魄的事件。

② 《复活》描写男主人公聂赫留朵夫(Нехлюдов)引诱姑妈家女仆玛丝洛娃(Маслова),使她怀孕并被赶出家门。后来,玛丝洛娃因被指控谋财害命而受审判。男主人公以陪审员的身份出庭,见到从前被他引诱的女人,深受良心谴责。他为她奔走申冤,并请求同她结婚,以赎回自己的罪过。上诉失败后,他陪她流放西伯利亚。他的行为感动了她,使她重新爱上他。但为了不损害他的名誉和地位,她最终没有和他结婚而同一个革命者走到了一起。

娜》通过女主人公安娜·卡列尼娜的悲剧性命运和男主人公列文的精神探索两条情节线展开,广阔而深刻地反映了俄国 19 世纪中叶农奴制度改革后 20 年的社会生活。作者用犀利的笔触揭开了宫廷贵族的矛盾斗争和普通家庭的冲突纠葛,广泛涉及家庭婚姻、道德伦理、政治经济和哲学艺术诸方面的问题。《复活》是托尔斯泰的最后一部长篇巨著,是其全部文学创作生涯的总结,也是 19 世纪俄国批判现实主义小说的巅峰。作品详细叙述了为自己既往的过失而忏悔和赎罪的男主人公聂赫留朵夫(Нехлюдов)和女主人公玛丝洛娃(Маслова)的人性复苏以及精神复活的过程。作家通过描写法庭错判玛丝洛娃案件的全过程,揭露了整个俄国法律制度的罪恶本质,同时以深切同情的笔调描摹了俄国农民和城市贫民的凄惨生活。

(6)契诃夫。

契诃夫(А. П. Чехов,1860～1904),19 世纪末 20 世纪初影响深远的俄国现实主义作家,主要创作成就在短篇小说和戏剧方面,被称为"文学领域的列维坦"(Левитан в литературе)。

契诃夫的短篇小说文笔精练,他认为:"简洁是天才的姐妹"(Краткость — сестра таланта.)。契诃夫的作品形象鲜明,思想深刻,通过细小故事情节或表现劳动人民的悲惨生活,如《苦恼》(«Тоска»)、《万卡》(«Ванька»)等;或揭发专制警察制度下忠实奴仆的愚蠢与专横,如《变色龙》①(«Хамелеон»)等;或讥笑小市民的庸俗习气;或暴露知识分子生活的空虚;或反映社会的黑暗,如《第六病室》(«Палата №6»)、《套中人》②(«Человек в футляре»)、《小公务员之死》③(«Смерть чиновника»)等,都能收到以小见大的社会效果。契诃夫的戏剧作品有《海鸥》

---

① 《变色龙》是契诃夫早期创作的一篇讽刺小说。在这篇著名的小说里,他以精湛的艺术手法塑造了一个专横跋扈、欺下媚上、见风使舵的典型形象——奥楚蔑洛夫(Очумелов),具有广泛的艺术概括性。小说的名字起得十分巧妙。变色龙本是一种蜥蜴类的四脚爬行动物,能够根据四周物体的颜色改变自己的肤色,以防其他动物的侵害。作者在这里是只取其"变色"的特性,用以概括社会上的一种人。

② 《套中人》描写的是一个小城的中学古希腊文教员别里科夫(Беликов)。他在晴天也穿着雨鞋、带着雨伞出门,习惯于把一切日常用具装在套子里面。他与世隔绝,好比一个装在套子里的人,却喜欢到处告密,长期危害着这个小城居民的自由,小城的生活因而变得死气沉沉。他也想过结婚,但害怕"生出什么事来",久久不敢向女友求婚,后来看见她竟骑自行车上街,认为太不体面,因此和她哥哥争吵,被从楼梯上推下来,不久即死去。

③ 《小公务员之死》写的是一个美好的晚上,一位心情美好的庶务官切尔维亚科夫(Червяков)在剧院里不慎将唾沫溅到了坐在前排的将军级文官身上,他唯恐大官会将自己的不慎视为特意冒犯而一而再再而三地道歉,弄得那位大官由毫不在意到大发雷霆。而执着地申诉自己毫无冒犯之心实属清白无过的小文官在遭遇呵斥后竟一命呜呼。

(«Чайка»)、《万尼亚舅舅》(«Дядя Ваня»)、《三姊妹》(«Три сестры»)、《樱桃园》①(«Вишневый сад»)等,大多反映19世纪80年代至1905年革命前夜俄国知识分子的不幸命运以及他们对健康生活的憧憬和朦胧追求。《樱桃园》是契诃夫最后一部、也是最优秀的戏剧,深刻地提出了旧生活体制注定要灭亡的问题。契诃夫的戏剧朴素而含蓄,具有哲理性,受到剧坛的推崇。

契诃夫的剧作对19世纪的戏剧产生了很大的影响。他坚持现实主义传统,注重描写俄国人民的日常生活,塑造具有典型性格的小人物,真实反映出当时俄国社会的状况。契诃夫作品的两大特征是对丑恶现象的嘲笑与对贫苦人民的深切同情,并且其作品无情地揭露了沙皇统治下不合理的社会制度和社会的丑恶现象。契诃夫被公认为19世纪末俄国现实主义文学的杰出代表。

(7)涅克拉索夫。

涅克拉索夫(Н. А. Некрасов,1821～1878),19世纪俄国著名诗人,革命民主主义者,被称为"农民革命的歌手"。

涅克拉索夫的代表作有诗歌《大门前的沉思》(«Размышления у парадного подъезда»)、长诗《严寒,通红的鼻子》(«Мороз, Красный нос»)和《俄罗斯妇女》(«Русские женщины»)等。长诗《谁在俄罗斯能过好日子》②(«Кому на Руси жить хорошо»)是涅克拉索夫创作的高峰,是一首打破了俄国诗歌旧传统、把农民放在作品中心位置的人民史诗,是19世纪俄国文学中最富有民主倾向的杰出诗篇之一。涅克拉索夫的诗歌紧密结合俄国的解放运动,充满爱国精神和公民责任感。他的诗篇忠实描绘了贫苦下层人民和俄国农民的生活和情感,同时以平易近人、口语化的语言风格开创了"平民百姓"的诗风,他被称为"人民诗人",他的创作对俄国诗歌以及苏联诗歌都产生了重大影响。

(8)费特。

费特(А. А. Фет,1820～1892),俄国著名诗人,是"纯艺术"论的最坚决拥护者。

---

① 四幕喜剧《樱桃园》讲述的是加耶夫(Гаев)、朗涅夫斯卡娅(Раневская)兄妹被迫出卖祖传的樱桃园的故事。加耶夫和朗涅夫斯卡娅兄妹出身于俄罗斯贵族家庭,继承一个祖传的樱桃园。加耶夫是个好吃懒做、游手好闲、缺乏生活能力的"败家子"。由于不会经营,他不久便欠下了大笔债务。朗涅夫斯卡娅从巴黎乔迁故居之后,依然贪慕虚荣,沉醉于享受之中。

② 《谁在俄罗斯能过好日子》是一首叙事长诗,描写了偶然相遇的7个农民为寻求"谁在俄罗斯能过好日子"这个问题的答案,乘一块"神奇的飞毯"漫游全国的故事。长诗以此为情节,生动再现了1861年农奴制改革后的俄罗斯现实,描写了农民、地主、商贾和革命者等不同人物形象,揭露了沙皇当局的残酷和欺骗行径,表明了当时俄国是一个没有幸福的地方,而只有那些为人民利益而奋斗、献身的人才是幸福的。

费特只写抒情诗,竭力回避现实世界,坚持颂扬艺术、爱情和大自然的美。其主要作品有《悄悄的声息,怯怯的呼吸》(«Шепот, робкое дыхание»)、《我来向你致意》(«Я пришел к тебе с приветом»)等。

(9) 别林斯基。

别林斯基(В. Г. Белинский, 1811~1848),俄国卓越的文学批评家、哲学家、政论家。

别林斯基的一生以文学批评为武器与农奴制度进行不懈的斗争,并从理论上倡导文学要与现实生活相接近。别林斯基奠定了俄国革命民主主义美学和现实主义理论基础,大力推动了进步文学的发展。别林斯基的贡献是多方面的。他不仅通过他的著作宣传了革命民主主义的政治纲领,而且第一个系统地总结了俄国文学发展的历史,科学地阐述了艺术创作的规律,提出了一系列重要的文学和美学见解,成为俄国文学批评与文学理论的奠基人。他的文学评论与美学思想在俄国文学史上起过巨大的作用,对车尔尼雪夫斯基、杜勃罗留波夫美学观念的形成有直接的影响。

别林斯基的主要论文有:《论俄国中篇小说和果戈理君的中篇小说》(«О русской повести и повестях г. Гоголя»)、《给果戈理的信》(«Письмо Н. В. Гоголю»)和《1847年俄国文学一瞥》(«Взгляд на русскую литературу 1847 года»)等。

(10) 车尔尼雪夫斯基。

车尔尼雪夫斯基(Н. Г. Чернышевский, 1828~1889),19世纪中叶俄国杰出的革命家、思想家,同时也是重要的文学批评家和作家。

车尔尼雪夫斯基的著述活动是多方面的,涉及哲学、经济学、美学、文学、社会学等各个领域。他最重要的著作有:《艺术与现实的美学关系》(«Эстетические отношения искусства к действительности»)、《俄国文学果戈理时期概观》(«Очерки гоголевского периода русской литературы»)、《哲学中的人本主义原则》(«Антропологический примат в философии»)以及长篇小说《怎么办?》(«Что делать?»)等。

(11) 杜勃罗留波夫。

杜勃罗留波夫(Н. А. Добролюбов, 1836~1861),俄国文学批评家。

在读书期间,杜勃罗留波夫广泛参与各种社会活动,组建革命小团体,创办手抄刊物《传闻》,发表一些诗歌或短评对沙皇政府提出批评。1856年,他与车尔尼雪夫斯基相识,车尔尼雪夫斯基给了他很大的影响,促使其思想发生转变。不久以后,他参加了《现代人》杂志的编辑工作,先后发表了一系列战斗性很强的评论。主要论文有《论俄国文学发展中人民性渗透的程度》(«О степени участия народности в развитии русской литературы»)、《什么是奥勃洛摩夫性格?》(«Что такое обломовщина?»)、《黑暗王国》(«Темное царство»)、《黑暗王国的一线光明》(«Луч света в темном царстве»)、《真正的白天什么时候到来?》(«Когда же придет настоящий день?»)等。

杜勃罗留波夫的革命民主主义文学批评与政论文无论就战斗性还是批评技巧、美学分析来说都堪称俄国批评史中的光辉典范,表现了俄国广大农民对封建农奴制的抗议及要求变革现实的强烈愿望。

四、白银时代文学

19世纪末至20世纪初是俄国历史转折、文化转型的世纪之交,俄罗斯文化空前活跃,多种思潮和流派相继崛起,文坛的多元格局得以形成,被称作"白银时代"(Серебряный век)。这个时代持续的时间不长,共约20年。"白银时代"这一概念,首先是被用来指称这一时期俄罗斯诗歌的发育气象的,是相对于19世纪初以普希金、莱蒙托夫等为代表的俄罗斯诗歌的"黄金时代"而言的。

白银时代主要有三大现代主义(модернизм)流派——象征派①(символизм)、阿克梅派②(акмеизм)和未来派③(футуризм)。出现了一批杰出的诗人、作家、艺术家和思想家。其中著名的诗人包括象征派的巴尔蒙特(К. Д. Бальмонт,1867~1942)、勃留索夫(В. Я. Брюсов,1873~1924)、勃洛克(А. А. Блок,1880~1921),阿克梅派的古米廖夫(Н. С. Гумилев,1886~1921)、阿赫马托娃(А. А. Ахматова,1889~1966)、曼德尔施塔姆(О. Э. Мандельштам,1891~1938),未来派的谢维里亚宁(И. Северянин,1887~1941)、赫列勃尼科夫(В. Хлебников,1885~1922)、马雅可夫斯基(В. В. Маяковский,1893~1930)等。

除了象征派、阿克梅派和未来派诗人,白银时代的诗人还包括:新农民诗派(Новокрестьянское направление)的克留耶夫(Н. А. Клюев,1884~1937)、叶赛宁(С. А. Есенин,1895~1925),还有不属于任何流派的布宁(И. А. Бунин,1870~1953)以及早期的茨维塔耶娃(М. И. Цветаева,1892~1941)、帕斯捷尔纳克(Б. Л. Пастернак,1890~1960)、霍达谢维奇(В. Ф. Ходасевич,1886~1939)等。

---

① 俄国象征派诗人通过诗歌创作暗示哲学思想和文化意识,并倡导建立一种新文明,以促进人的精神完善。

② 阿克梅派是一个短暂的诗歌学派,1912年,在古米廖夫的领导下成立于俄罗斯。他们主张以形式的紧凑和表达的清晰作为诗学理念。"阿克梅"是在希腊语的基础上创造出来的,意为"人类最好的年龄"。

③ 未来派受到尼采、柏格森哲学的影响,认为艺术应该反映现代大都市、工业文明、速度和竞争,赞美"速度的美和力量",否定一切文化遗产和传统。

(1) 勃洛克。

勃洛克(А. А. Блок,1880~1921),俄国象征主义文学最杰出的代表,享誉世界的抒情诗大师。勃洛克的主要作品有《俄罗斯颂》(«Россия»)、《啊,春天没有尽头也没有边际》(«О, весна без конца и без краю...»)、《啊,我想要疯狂地生活》(«О, я хочу безумно жить»)等。

1905年的俄国革命促使勃洛克的创作发生了转折,他逐渐开始面向现实社会。长诗《十二个》(«Двенадцать»)运用象征主义方法歌颂革命时代的精神,揭示旧世界灭亡的必然性,预示新生活的广阔前景。

(2) 阿赫马托娃。

阿赫马托娃(А. А. Ахматова,1889~1966),俄国阿克梅派创作成果最丰硕的诗人,也是享有全世界盛誉的抒情大师,被称为"俄罗斯诗歌的月亮"。

阿赫马托娃的诗歌形式短小精致,主题是爱情和危机降临的预感,同时结合着对信念和良心的探索。阿赫马托娃的主要作品有《吟唱最后一次会晤》(«Песня последней встречи»)、《深色披肩下紧抱着双臂……》(«Сжала руки под темной вуалью...»)等。阿赫马托娃的诗集以清新委婉的笔触给当时象征主义为主宰的诗坛增添了一道亮丽的风景,打破了当时晦涩的象征气氛。

(3) 马雅可夫斯基。

马雅可夫斯基(В. В. Маяковский,1893~1930),20世纪杰出的诗人。1912年开始诗歌创作,深受未来主义影响。马雅可夫斯基的诗充满了激情和活力,创造了独特的"阶梯体"(лесенка)诗歌体式。

长诗《穿裤子的云》(«Облако в штанах»)是马雅可夫斯基的一部"纲领性的"作品,力图表现"关于革命的主题"。长诗《列宁》(«В. И. Ленин»)和《好!》(«Хорошо!»)是马雅可夫斯基创作的最重要成就。

(4) 叶赛宁。

叶赛宁(С. А. Есенин,1895~1925),俄国著名田园派诗人,大自然的歌手。

叶赛宁的主要作品有《我不叹惋、呼唤和哭泣……》(«Не жалею, не зову, не плачу...»)、《金色的丛林不再说话了……》(«Отговорила роща золотая...»)、《白桦》(«Береза»)等。

(5) 布宁。

布宁(И. А. Бунин,1870~1953),俄国作家。因为其严谨的艺术才能,发展了俄罗斯古典散文的传统,1933年,布宁成为第一位获得诺贝尔文学奖的俄罗斯

作家①。

布宁的文学活动包括诗歌、小说和文学翻译3个方面。著名诗集《落叶》(«Листопад»)不仅描绘了秋林丰富多彩的美,而且表现了大自然永恒的变化。布宁创作成就主要是中短篇小说,其早期作品主要描写贵族庄园的生活,表现贵族阶层精神上的贫困和堕落。短篇小说《安东诺夫卡苹果》②(«Антоновские яблоки»)表现了贵族及农民的生活,描写了过去生活的诗情画意,充满感伤的情怀。中篇小说《乡村》③(«Деревня»)是布宁的第一部大型作品,标志着布宁的创作视野由贵族庄园转向广阔的社会,更加关注民族心理,关注"俄罗斯禀性"和俄罗斯的命运。这部作品使布宁成为俄国文坛上的一流作家。中篇小说《苏霍多尔》(«Суходол»)描写了农奴制逝去的年代中小贵族和家奴的生活及其日渐贫穷和退化。1915年发表的短篇小说《旧金山来的绅士》(«Господин из Сан-Франциско»),讲述了一位在意大利旅行的美国商业巨头的故事,表现了布宁对资本主义文明的否定。中篇小说《米佳的爱情》④(«Митина любовь»)通过带有悲剧色彩的男女主人公悲欢离合的故事,传达出布宁关于爱情的独特见解——真正的爱情必然是精神与肉体的美好而和谐的结合,也是命运所能给予人的最高的恩惠。自传体作品《阿尔谢尼耶夫的一生》(«Жизнь Арсеньева»)是布宁创作的唯一一部长篇小说,是其晚年时期思想的总结。小说以主人公阿列克谢·阿尔谢尼耶夫童年、少年和青年时代的生活经历为基本线索,以第一人称展开叙述,着重表达"我"对大自然、故乡、亲人、爱情和周围世界的感受。布宁创作生涯的结束之作《幽暗的林荫道》⑤(«Темные аллеи»)由37部短篇小说组成,其中浓缩了布宁毕生创作涉及的题材:美、爱

---

① 俄罗斯历史上共有5位诺贝尔文学奖获得者,他们分别是:布宁(1933年)、帕斯捷尔纳克(1958年)、肖洛霍夫(1965年)、索尔仁尼琴(1970年)和布罗茨基(1987年)。

② 《安东诺夫卡苹果》以时间为线索从八月写到十一月,描绘出俄罗斯农村秋天的美好图景。小说由果园丰收图景、庄园生活图景、狩猎图景、小地主生活图景四幅极具表现力的画面构成。整篇小说用回忆的口吻,将读者笼罩在"安东诺夫卡苹果"的馥郁甜香中,抒发作者对过去生活的留恋以及对时世变迁的惆怅和感伤。

③ 《乡村》的情节发展以真理探索者、弟弟库兹马和小贩、哥哥吉洪之间的对立为基础,通过兄弟俩的眼睛和感受展现了一个肮脏、愚昧、野蛮、冷血、自生自灭的俄罗斯乡村。

④ 《米佳的爱情》是一部俄罗斯式的"少年维特的故事":热恋中的男主人公米佳为嫉妒而痛苦,决定离开情人卡佳,去乡下反思一下他们的爱情。故乡庄园风景的变换没有让他淡忘卡佳,反而让他深陷爱情的牢笼,他孤独地等待着卡佳的来信。在庄园管家的怂恿下,他和庄园女工阿莲卡发生了肉体关系。之后,卡佳在一封迟来的信中拒绝了米佳的爱,最终米佳在绝望中饮弹身亡。

⑤ 《幽暗的林荫道》讲述了一个老军人在旅途中的一家客店巧遇30年前的恋人的故事,小说被誉为"爱情的百科全书"。

情、死亡、自然和对人生的思索。

(6) 茨维塔耶娃。

茨维塔耶娃(М. И. Цветаева, 1892~1941)，白银时代诗人和作家。布罗茨基称其为"20世纪俄罗斯最伟大的诗人"。

茨维塔耶娃16岁发表了她的第一篇诗歌，18岁发表首部诗集《黄昏纪念册》(«Вечерний альбом»)，1920年，发表诗集《里程》(«Версты»)。

五、苏联时代文学

这一时期产生了一批相当优秀的作家，包括来自工人阶层的作家高尔基、阿·托尔斯泰和诺贝尔文学奖得主肖洛霍夫等，社会主义的现实主义文学占据了主导地位。

(1) 高尔基。

高尔基(М. Горький, 1868~1936)，原姓彼什科夫(Пешков)，19世纪90年代开始文学创作，社会主义现实主义文学(социалистический реализм советской литературы)的奠基人。

高尔基的早期创作分为浪漫主义与现实主义两类作品。早期创作多为短篇体裁，《马卡尔·楚德拉》(«Макар Чудра»)是高尔基发表的第一篇短篇小说，也是第一次以"高尔基"这一笔名发表的作品。《伊则吉尔老婆子》(«Старуха Изергиль»)和《鹰之歌》(«Песня о Соколе»)等作品通过黑暗和光明的强烈对比，歌颂向往光明及为人民大众的利益献身的英雄人物，具有鲜明的浪漫主义特色。《底层》(«На дне»)、《小市民》(«Мещане»)等现实主义戏剧表现了下层人民的生活，揭露了自私守旧的小市民习气。1901年发表的《海燕》(«Песня о буревестнике»)以寓言形式和象征手法歌颂战斗的无产阶级，预告革命暴风雨的来临。1906年，高尔基发表长篇小说《母亲》[①](«Мать»)，首次描写了工人阶级的革命斗争，塑造了无产阶级革命者的典型形象，奠定了社会主义现实主义文学的基础。高尔基的自传三部曲《童年》(«Детство»)、《在人间》(«В людях»)和《我的大学》(«Мои университеты»)分别于十月革命前后写出，描写了作家从生活底层攀上文化高峰，

---

① 《母亲》描写了巴维尔·符拉索夫(Павел Власов)的一生，通过一家人的遭遇表现了工人阶级如何从自发走向自觉的过程。小说的重要人物是巴维尔的母亲尼洛芙娜(Ниловна)。她像千百万受压迫的妇女一样，受到繁重的劳动和丈夫的殴打双重折磨。丈夫死后，当儿子走上革命的道路时，母亲也在儿子以及他的同志们的启发帮助下，逐渐接受革命的真理，使她更自觉地参加革命工作。

从寻求真理到走向革命的历程。

(2)阿·托尔斯泰。

阿·托尔斯泰(А. Н. Толстой,1883～1945),作家。

阿·托尔斯泰的代表作是《苦难的历程》(«Хождение по мукам»)三部曲。阿·托尔斯泰创作的历史小说《彼得一世》(«Петр I»)对俄国历史上最辉煌的时期之一——彼得大帝时代以及彼得大帝的业绩进行了史诗般的叙述,展现了俄国17世纪末至18世纪初宏伟壮阔的生活图景和历史事件。小说的结论:是历史创造了英雄,而不是英雄创造了历史。

(3)布尔加科夫。

布尔加科夫(М. А. Булгаков,1891～1940),苏联小说家、剧作家。

布尔加科夫的主要作品有《狗心》①(«Собачье сердце»)、《大师和玛格丽特》(«Мастер и Маргарита»)等。长篇小说《大师和玛格丽特》是布尔加科夫创作的顶峰。布尔加科夫曾将他的创作特点总结为"神秘主义黑色"。所谓"黑色"即指社会现实的某些落后现象以及人们心灵深处的丑恶和弱点,作家对此进行讽刺和揭露,所以他称自己的作品是"讽刺小说";所谓"神秘主义"则是讽刺内容所借助的神秘怪诞的虚幻现实反映形式。因为作家所借助的神秘怪诞多以魔幻离奇为主,所以这种"神秘主义"实际上是魔幻主义,加之社会批判的思想性特征,布尔加科夫小说鲜明的艺术个性就是"魔幻现实主义"(фантастический реализм)。尽管"魔幻现实主义"是20世纪60～70年代出现在拉美的一股现代主义文学潮流,这一术语在布尔加科夫创作的20世纪20～30年代还没有出现,但就"借助魔幻来反映现实"这一艺术主旨来说,布尔加科夫的确表现出了"魔幻现实主义"的艺术特征。在一定程度上,他的创作是对"魔幻现实主义"艺术的开拓。《大师和玛格丽特》堪称"魔幻现实主义"的代表之作。

(4)帕斯捷尔纳克。

帕斯捷尔纳克(Б. Л. Пастернак,1890～1960),苏联诗人、作家、翻译家。1958年,由于他在现代抒情诗方面的巨大成就以及延续了俄罗斯伟大叙事体长篇小说的传统,获得诺贝尔文学奖。

帕斯捷尔纳克主要作品有诗集《云雾中的双子座星》(«Близнец в тучах»)、《越过壁垒》(«Поверх барьеров»)、《生活是我的姐妹》(«Сестра моя — жизнь»)等。小说创作在其整个文学创作中占有相当重要的地位。

---

① 《狗心》抨击了现实中的粗野、愚昧和荒谬。小说描写一位医学教授为一条狗(Шарик)做了人的脑垂体移植手术,导致狗变成了有人外表的流氓,流氓习气随着脑垂体分泌的激素渗入了名为沙里科夫的实验室怪物的每个细胞。他无耻下流、为所欲为,最后被教授将其变回狗身。

1957 年,帕斯捷尔纳克发表了最具代表性的作品——长篇小说《日瓦戈医生》(«Доктор Живаго»)。1958 年,帕斯捷尔纳克获得诺贝尔文学奖。

帕斯捷尔纳克还译有莎士比亚、歌德及席勒的戏剧和诗歌。

(5) 普拉东诺夫。

普拉东诺夫(А. П. Платонов,1899 ~ 1951),作家。普拉东诺夫反乌托邦三部曲《切文古尔》(«Чевенгур»)、《基坑》(«Котлован»)、《初生海》(«Ювенильное море»)是其创作的核心,代表了作家的创作思想和艺术手法。

普拉东诺夫惯以象征和暗讽的方式,表达出自己对革命、人与自然的冲突等复杂而深邃的思考。

(6) 尼·奥斯特洛夫斯基。

尼·奥斯特洛夫斯基(Н. А. Островский,1904 ~ 1936),作家。

尼·奥斯特洛夫斯基在负伤瘫痪和双目失明后写出长篇小说《钢铁是怎样炼成的》(«Как закалялась сталь»)。小说主人公保尔·柯察金在家乡烈士墓前的一段独白,成了千百万青年的座右铭。"人最宝贵的是生命,生命每个人只有一次。人的一生应该这样度过:当他回首往事的时候,不因虚度年华而悔恨,也不因碌碌无为而羞愧;这样,在临死的时候他就能够说:'我的整个生命和全部精力都献给了世界上最壮丽的事业——为人类的解放而斗争。'"(«Самое дорогое у человека — это жизнь. Она дается один раз и прожить ее нужно так, чтобы не было мучительно больно за бесцельно прожитые годы, чтобы не жег позор за подлое, мелочное прошлое и чтобы умирая, мог сказать: вся жизнь и все силы отданы самому прекрасному — борьбе за освобождение человечества.»)

(7) 肖洛霍夫。

肖洛霍夫(М. А. Шолохов,1905 ~ 1984),苏联著名作家,1965 年诺贝尔文学奖的获得者。

肖洛霍夫熟悉顿河哥萨克的生活,以《顿河故事》(«Донские рассказы»)开始其文学生涯。肖洛霍夫的作品还有《一个人的遭遇》(«Судьба человека»)等。在 1928 ~ 1940 年间肖洛霍夫发表了四卷集的史诗性长篇小说(роман-эпопея)《静静的顿河》(«Тихий Дон»)。1965 年,肖洛霍夫凭《静静的顿河》获得诺贝尔文学奖。

(8) 特瓦尔多夫斯基。

特瓦尔多夫斯基(А. Т. Твардовский,1910 ~ 1971),苏联著名诗人。

长诗《瓦西里·焦尔金》(«Василий Теркин»)是特瓦尔多夫斯基诗歌创作的顶峰。

(9) 拉斯普京。

拉斯普京(В. Г. Распутин,1937 ~ 2015),作家。

　　1967年,拉斯普京的成名作《为玛丽娅借钱》①(«Деньги для Марии»)问世,小说描写主人公奔走借钱而到处碰壁,反映了现实生活中人与人之间冷漠无情的关系。1974年,发表长篇小说《活着,可要记住》(«Живи и помни»)。

　　拉斯普京的作品大多以西伯利亚农村生活为题材,心理描写细腻,笔调清新,富于抒情色彩和哲理性。拉斯普京的《最后的期限》②(«Последний срок»)和《告别马焦拉》③(«Прощание с Матерой»)等作品都曾引起评论界的普遍关注。

(10) 索尔仁尼琴。

　　索尔仁尼琴(А. И. Солженицын,1918~2008),作家,1970年诺贝尔文学奖的获得者。

　　索尔仁尼琴的作品有《古拉格群岛》(«Архипелаг ГУЛАГ»)、《第一圈》(«В первом круге»)、《癌病房》(«Раковый корпус»)等。

　　索尔仁尼琴被称为"俄罗斯的良心"(совесть России)。

(11) 爱伦堡。

　　爱伦堡(И. Г. Эренбург,1891~1967),苏联著名的新闻记者、作家。

　　爱伦堡的长篇小说《解冻》(«Оттепель»)发表于1954年,小说反映了"关心人,爱护人"这一主题。《解冻》开创了以一种理性的、清醒的态度对待历史和现实生活,对过去僵化的文学模式进行反叛的文学潮流,成为"解冻文学"的发端。

---

　　① 《为玛丽娅借钱》情节平淡无奇。玛丽娅所在村里的商店前后两任售货员都因"挪用公款"被判刑。其实她们并没有贪污,只因文化水平低不善管理,造成了账目上的亏空。第三任售货员玛丽娅勤勤恳恳为村民服务,到头来年终盘点时还是发现少了1 000卢布的货款。家里拿不出这样一笔巨款,为了填补这个亏空,玛丽娅的丈夫库兹马只好四处为妻子借钱。这部作品以揭示人物内心取胜,通过对借钱的态度的描写作者深刻而细腻地反映了世态炎凉。

　　② 《最后的期限》情节同样平淡无奇。80岁的老妇安娜(Анна)即将死去,子女们从城里赶回来为她送终。子女是她生命的全部意义所在。安娜弥留之际听到子女们的声音,竟奇迹般地苏醒过来,多活了几天。这反倒让急于给母亲送终的子女感到不耐烦。等到第三天,他们借口母亲已经转危为安,迫不及待地扬长而去。当天夜里,安娜死了。

　　③ 《告别马焦拉》描写了安加拉河上一个叫马焦拉的小岛因修建水电站而被淹没的故事。马焦拉岛上住着几十户人家,他们祖祖辈辈生活在这里,不但有自己的房屋田园,还有自己的历史传统和风俗习惯。这一切都与这个小岛不可分割。当地政府动员村民们搬迁,并在离此不远的城镇给他们安排了住房,但围绕搬还是不搬的问题,村民中展开了激烈的争论。村中"所有老太婆中最老的老太婆"达莉亚(Дарья)坚决反对搬迁。她的孙子安德烈的观点恰好相反。达莉亚是小说的核心形象,她整个一生都与自己的村子分不开。她认为生命的意义就在于保护和传承前辈的传统。她反对进步,反对自己的孙子安德烈。孤立无援的达莉亚当然没能阻止水电站的修建,马焦拉岛最终还是被无情地淹没了。

(12)舒克申。

舒克申(В. М. Шукшин,1929~1974),苏联著名导演、编剧、演员、作家。

舒克申参加过 25 部电影的演出。他还创作了 5 部中篇小说、2 部历史长篇小说、4 部话剧和近 100 篇短篇小说。代表作有电影小说《红莓》(«Калина красная»)等。1974 年 10 月 2 日,舒克申在电影《他们为祖国而战》(«Они сражались за Родину»)拍摄期间突发心脏病,猝然离世,终年 45 岁。

(13)布罗茨基。

布罗茨基(И. А. Бродский,1940~1996),诗人,1987 年诺贝尔文学奖的获得者。

布罗茨基最著名的早期诗歌有《纪念普希金》(«Памятник Пушкину»)等。其主要诗选有《言辞的片断》(«Часть речи»)和《致乌拉尼亚》(«К Урании»)等。

1986 年,布罗茨基用英语写成自传散文集《小于一》(Less Than One / «Меньше единицы»),书中有对布罗茨基最感亲切的诗人曼德尔施塔姆、阿赫马托娃和茨维塔耶娃的权威评论,还有对布罗茨基父母的回忆录。

第五章 俄罗斯绘画

俄罗斯绘画有着悠久的历史。从中世纪最早发端,到19世纪的全盛时期——"黄金时代"和20世纪的"白银时代",再到21世纪的百花齐放,俄罗斯绘画艺术经历了多个发展阶段,其中18~20世纪的三百年可谓是俄罗斯绘画史上最灿烂辉煌的时期,出现了一系列经典画家和经典作品,从而确立了俄罗斯绘画在世界画坛上举足轻重的地位。

一、古罗斯时期的绘画

1. 9~12世纪的俄罗斯绘画

古罗斯时期的绘画受到民间美术和拜占庭美术的影响,起初以镶嵌画(мозаика)和壁画(фреска)为主,主要描绘的是9世纪中叶古罗斯大公们狩猎、决斗、跳舞、戏剧表演等日常生活的场景。到12世纪壁画成为主流。

2. 14世纪末~15世纪初的俄罗斯绘画

在14世纪末至15世纪初古罗斯壁画达到顶峰。这种壁画是利用溶于水的颜料在潮湿的灰墙上作画,已有结构和空间的特征,画面上增加了风景,并且突出人物的心理。这一时期出现了一些优秀的画家,最具代表性的是格列克和鲁勃廖夫。

(1) 格列克。

格列克(Ф. Грек,约1340~1410),出生于拜占庭,1370年来到诺夫哥罗德。格列克的绘画敢于突破传统的限制,大胆创新,其笔法自由锐利,画风潇洒豪放,注重刻画人物的内心世界。格列克开辟了莫斯科画派的先河,为古罗斯的绘画艺术做出了不可磨灭的贡献。

(2) 鲁勃廖夫。

鲁勃廖夫(А. Рублев,约1360~1428),俄罗斯中世纪最著名的画家之一。与其他画家的作品相比,鲁勃廖夫的作品笔法绵软、构图和谐。

3. 16～17世纪的俄罗斯绘画

16世纪俄国绘画的主题逐渐拓宽到历史题材,具体表现在对现实的历史人物和事件的兴趣日渐浓烈。

17世纪俄国绘画开始摆脱中世纪艺术的束缚,进步神速。这一时期的绘画突出现实主义特点,追求个性,力图表现现实的世界和生活,开始了世俗化的进程。最具代表性的是身兼画家和雕塑家的乌沙科夫(С. Ф. Ушаков,1626～1686),他的巴尔松纳肖像画(парсуны)是俄国绘画史上第一种世俗题材的古罗斯人物肖像画。

17世纪后半叶,俄罗斯引进西方绘画技术,将油彩画在画布上,其质量远远超过以前。

二、18世纪的俄罗斯绘画

古典主义(классицизм)画派是18世纪欧洲流行的古典主义思潮在美术界的表现,他们对为贵族服务的奢华的洛可可艺术不满,在古希腊、罗马的艺术中寻求新题材。18世纪初期,随着彼得大帝社会改革的全面实行,大批俄国青年画家被送往欧洲学习绘画,这为俄国古典主义画派的诞生提供了充足的人才准备。俄国古典主义画派在吸收法国古典主义精髓的基础上,又结合本国传统文化和社会现实,逐渐形成了具有本土特色的俄罗斯油画。18世纪俄国古典画派的主要题材为世俗人物肖像画,入画者多为宫廷贵族。

人物肖像画作为宫廷里必不可少的装饰和达官贵人家庭里常见的饰物,是家庭主人公一生命运的见证。这种肖像画有全身的、半身的,甚至还有袖珍的,贵族妇女将之戴到脖子上。肖像画的主人公大都是沙皇、宫廷显贵和其他贵族,表现出当时贵族在国家生活中的地位和作用。画作上的人物身材比例也比较符合人体解剖学,画作上的明暗处理代替了假定的轮廓线。

18世纪的俄罗斯画家们渐渐掌握了油画技法、色彩配置和处理。更重要的是,这个时代的肖像画开始揭示人物的内心世界,表现人物的思想和感受。古典主义画派代表画家有尼基京、马特维耶夫、列维茨基等。

(1)尼基京。

尼基京(И. Н. Никитин,1680～1742),18世纪俄罗斯世俗画的奠基人之一。尼基京先后在莫斯科、意大利学习绘画,深谙西欧绘画艺术,并将西欧绘画技法、构图等融入自己的肖像画中,形成了自己独特的风格。尼基京的肖像画力求表现人物个性和景物质感,追求所画对象的表现力和内容的实在意义。尼基京一生命运悲惨,但创作了大量的肖像画,尤其偏爱绘制彼得大帝的肖像画。1720年,他成功地创作了一幅彼得大帝的巨幅肖像画,表现出一位性格高傲、意志坚强、锐意推行改革的国务活动家形象。尼基京代表作品有《首领在野外》(«Напольный гетман»)、《临终的彼得大帝》(«Петр Ⅰ на смертном ложе»)等画作。

(2)马特维耶夫。

马特维耶夫(А. М. Матвеев,1701~1739),俄罗斯世俗绘画的创始人之一。马特维耶夫是彼得大帝改革的受益者之一,年轻时就被送到荷兰学习绘画,一直到彼得大帝去世后才从国外归来。马特维耶夫的人物画形态自然、个性逼真,其构图技法和画人物的技巧等都达到了相当高的程度。马特维耶夫的代表作《与妻子在一起的肖像画》(«Автопортрет с женой»)采用了当时流行的双人肖像画形式,画的是画家与自己妻子的自画像,画作上的画家精力充沛、意志坚定,妻子则充满女性温柔和抒情魅力,两人内在精神高度一致,画作堪称俄罗斯艺术的瑰宝。

(3)列维茨基。

列维茨基(Д. Г. Левицкий,1735~1822)是当时名气最大的画家,其早期肖像画多为礼仪肖像画(入画者按一定的程序,安排在与其从事的工作相关的背景前,并用手指着背景),画中的人物庄严肃穆,又富于色彩变化,其中以《叶卡捷琳娜二世女皇》(«Портрет Екатерины Ⅱ»)以及他为斯莫尔尼学院女生所创作的大型肖像组画最为著名。列维茨基后期作品则主要刻画入画者的精神面貌及个性的尊严,在表现手法上更为具体细致,形象也更有深度。

三、19世纪的俄罗斯绘画

1. 19世纪上半叶的俄罗斯绘画

19世纪初,俄国人成功阻止了拿破仑军队的入侵,极大地增强了民族自尊心,促进了民族觉醒。受法国大革命思潮的影响,贵族知识分子中的先觉人士开始在俄国传播民主思想。因此,19世纪上半叶的俄罗斯绘画在肖像画、风景画、历史题材方面也有了新的发展,同时出现了讽刺和披露时弊的现实主义艺术。

(1)基普连斯基。

基普连斯基(О. А. Кипренский,1782~1836)的女子肖像画最为出色,他笔下的女子都是典型的俄罗斯女性,有着盎然的诗意和深邃的情感。基普连斯基晚年创作了普希金生前评价最高的肖像画,画中普希金的眼神中充满着理想和创作激情。普希金看到画作时说:"我在镜子里看见了自己,这面镜子令我很满意。"

(2)特罗平宁。

特罗平宁(В. Н. Тропинин,1776~1857)和基普连斯基并称为肖像画领域大师级人物。他们的作品摆脱了古典主义的束缚,受到感伤主义的影响,带有浪漫主义的特征。

特罗平宁出身于农奴家庭,对下层人民的生活极为熟悉,其画笔下的农民、学徒和仆人的形象健康、纯洁,且拥有高尚的品质。特罗平宁的代表作有《花边女工》(«Кружевница»)和《纺线女工》(«Пряха»)等。

(3) 韦涅齐阿诺夫。

韦涅齐阿诺夫(А. Г. Венецианов,1780~1847)可称为风俗画领域的鼻祖。韦涅齐阿诺夫是卖饼商人的儿子,从小对农民劳动及其生活的留心观察为其以后诗意地描绘农民的健康体魄和精神之美奠定了坚实基础。韦涅齐阿诺夫的作品主要有《春耕》(«На пашне. Весна»)、《打谷场》(«Гумно»)、《睡梦中的牧童》(«Спящий пастушок»)和《割麦人》(«Жнецы»)等。

(4) 费多托夫。

费多托夫(П. А. Федотов,1815~1852),风俗画的代表画家。费多托夫绘制了一系列讽刺封建贵族、揭露农奴制弊端和社会虚伪道德的作品。费多托夫的作品强调绘画的主题,常描写人物间的矛盾冲突,富于戏剧性,具有现实主义的特色。费多托夫的成名作《少校求婚》(«Сватовство майора»)通过描绘有社会地位的没落贵族少年向虽无权势却极其富有的商人提亲的场景来表现俄罗斯商人与贵族之间的交易。整个画面犹如一台舞台剧,将画中的场景、环境和人物刻画得惟妙惟肖,画家以幽默讽刺的画笔揭露了这场虚伪的婚姻,深刻反映了俄国当时的社会现实。费多托夫被誉为俄国批判现实主义绘画的奠基人之一。

(5) 布留洛夫。

布留洛夫(К. П. Брюллов,1799~1852),学院绘画派的代表人物,其绘画风格深受皇家美术学院的影响。布留洛夫的绘画体现了19世纪30~40年代的历史画中古典主义与浪漫主义交融的现象。

布留洛夫在意大利留学期间以美丽的女性形象作为时间的象征,创作过两幅画作《意大利的早晨》(«Итальянское утро»)和《意大利的中午》(«Итальянский полдень»)。

19世纪上半叶,布留洛夫首次将浪漫主义与古典主义结合在一起,完成了使其名声大噪的《庞贝的末日》(«Последний день Помпеи»)。普希金评价这幅画堪称"俄罗斯画坛的初日"。画中描绘了公元79年意大利维苏威火山爆发的瞬间,天崩地裂,火山灰夹着岩浆如倾盆大雨一般从天而降,宏伟的建筑即将溃崩,雕像将从屋顶倾落,失魂落魄的人群忙于逃命,火山喷发着闪电般的狰狞火焰,吞噬着周围的一切。充满动态的构图、强烈的明暗光色对比、人物的痉挛性动作、惊恐的神态及绝望的表情,都加强了画中的悲剧性效果。画家表面上画的是庞贝城的末日,实际上暗示着自己祖国的历史变迁,为了表明这不是历史上的悲剧,而是俄国社会现实,他有意将自己的形象画在左面亮区一组人物当中,头上顶着油画箱的年轻人正是画家自己,表明祖国的社会动荡正是画家亲身经历的事件。

布留洛夫的作品还有《女骑士》(«Всадница»)等。

(6)伊凡诺夫。

伊凡诺夫(А. А. Иванов,1806~1858),19世纪上半叶的俄国著名画家。他将其关心的深刻的哲学问题、人类精神道德完善的思想以及对俄罗斯未来命运的思索全部融入自己的绘画之中。

伊凡诺夫在幼年和青年时经历了俄法1812年战争和1825年的十二月党人起义,深受进步思想的影响。1827年,伊凡诺夫的油画《约瑟夫在狱中为犯人详梦》(«Иосиф, толкующий сны заключенным с ним в темнице виночерпию и хлебодару»)以其成熟的技巧和完美的形式获得美术协会大奖,但因影射沙皇对十二月党人的镇压而被以"危险人物"流放到意大利。在意大利期间伊凡诺夫开始迷恋古典主义。

随着意大利民族解放运动的兴起,1858年,伊凡诺夫回到圣彼得堡,并结识了车尔尼雪夫斯基,继续执着地进行艺术探索,还提出"艺术为社会发展服务"的主张,对俄国艺术界产生了广泛的影响。

2. 19世纪下半叶的俄罗斯绘画

19世纪下半叶,俄罗斯绘画进入空前发展的时期。1861年废除农奴制后,社会问题成为俄国民众关注的中心。民主运动的高涨使得平民知识分子登上历史舞台,提出了"艺术是现实的再现""美是生活"等文艺思想,认为艺术必须要反映现实。在这些先进的美学思想指导下产生了著名的批判现实主义流派——巡回展览画派①(Передвижники),其章程中宣布协会的宗旨是"让俄罗斯了解俄罗斯艺术"。

巡回展览画派的画家摒弃俄罗斯学院派画家的唯心主义美学观,坚持以批判现实主义为创作方法和原则,以写实主义为目标,力图创造出为普通人服务的民族主义艺术。他们从民主的立场出发,以通俗易懂的风格描绘俄罗斯人民的历史、社会、生活和大自然,揭露和批判沙俄专制制度和农奴制,表达民众要求解放的愿望。1871年11月29日,巡回展览画派第一次画展在彼得堡开幕,展出了15位画家和1位雕刻家的作品,共47件,并大获成功。

巡回展览画派的领袖是克拉姆斯柯依,主要成员有:列宾、彼罗夫、尼·盖、苏

---

① 1863年11月9日,以克拉姆斯柯依为首的14名才华横溢的彼得堡皇家美术学院学生因不满学院命题竞赛的形式,在提出按个人意愿进行创作的要求被拒之后愤然退出大金质奖绘画竞赛,单独成立"彼得堡美术家协会",在1870年正式改组为"巡回展览画派",这一事件被称作"十四人暴动"(Бунт четырнадцати)。

里科夫、瓦斯涅佐夫、库因吉、谢洛夫、萨夫拉索夫、希施金、列维坦、波列诺夫等。

巡回展览画派的诞生带来民主主义、现实主义绘画艺术的空前繁荣,该画派得到了著名文艺评论家斯塔索夫(В.В. Стасов,1824~1906)和美术收藏家特列季亚科夫(П.М. Третьяков,1832~1898)的大力支持。前者协助起草了协会章程,经常撰写评论文章介绍协会成员的作品和活动,可视为协会的精神领袖;后者创建了特列季亚科夫美术馆,主要收藏巡回展览画派画家的作品,对提高协会的社会地位、扩大其绘画作品的影响力起了重要作用。在巡回展览画派的众多画家中,有两位画家——克拉姆斯柯依和列宾起着举足轻重的作用,相当于该派的旗帜,其地位无可比拟,不可撼动。

(1)克拉姆斯柯依。

克拉姆斯柯依(И.Н. Крамской,1837~1887),俄国巡回展览画派的组织者。克拉姆斯柯依不仅是巡回展览画派的领袖人物,还是杰出的社会活动家和现实主义画家。他的创作非常注重艺术的民族风格、独创性和深刻的思想内容,对俄国画坛和青年画家影响很大。克拉姆斯柯依的主要成就在肖像画领域,特点是非常注重对人物的外貌(头部和面孔),尤其是对眼神的刻画,注重对人物心理状态的刻画——《月夜》(«Лунная ночь»)、《列夫·托尔斯泰肖像》(«Портрет Льва Николаевича Толстого»)、《希施金肖像》(«Портрет художника И. Шишкина»)都以深沉的目光和真切的面部表情展现了人物的精神气质,深入其内心世界来刻画出他们的性格特征。

克拉姆斯柯依最为著名的肖像画当属《妇女肖像》(«Женский портрет»)和《无名女郎》(«Неизвестная»)。两幅画所画的都是19世界典型的俄国知识女性,前者通过描绘一位正在读书的知识女性表现这一类人身上高贵优雅的气质和自尊自强的性格。后者的女性侧身端坐,转首俯视,流露出对这个冷酷无情的世界不屑一顾、不愿与之合流的神情,显得高傲而又自尊,格外庄重、典雅而高尚。两幅画虽在艺术技法上不相上下,但后者因为与托尔斯泰笔下的安娜·卡列尼娜同一时期产生,画面上无名女郎的面孔深沉、俊秀,打扮入时得体,具有极高的品位、修养,尤其是她身上那种觉醒了的高傲和不向社会妥协的刚毅性格简直是安娜的化身,从而被很多人当作是安娜的肖像,故而知名度远超前者,堪称世界美术史上肖像画杰作。

克拉姆斯柯依一生清贫,晚年更是饥寒交迫。悲苦的命运使他非常关心社会疾苦、善于思考人生。

克拉姆斯柯依的名作《无法安慰的悲哀》(«Неутешное горе»)是画家在47岁时经历爱子不幸夭折的痛苦后所作。该画成功地塑造了一位因丧子之苦而悲痛欲绝的母亲形象。画中的母亲身着及地黑色长裙,肃穆凝重,增加了画面的悲剧气氛。《无法安慰的悲哀》不仅是画家个人痛苦的呈现,也是为无数投身民主革命事业而献身的先烈的母亲创作的一首"挽歌"。

(2)列宾。

列宾(И. Е. Репин,1844～1930),1878年加入巡回展览画派,创作了大量现实主义的绘画作品,是巡回展览画派最具批判现实主义和鲜明个性的画家。

列宾绘画题材非常广泛,涉及肖像画、风俗画、风景画和历史画,并在每种题材上都有创新。肖像画中最杰出的是《穆索尔斯基肖像》(«Портрет композитора М. П. Мусоргского»)、《斯塔索夫肖像》(«Портрет критика В. В. Стасова»)、《托尔斯泰肖像》(«Портрет Льва Толстого»)。列宾还绘制了一系列自己亲朋好友的画像,实际上是一种类似风俗画的肖像画,笔调轻松、欢快,如《蜻蜓》(«Стрекоза»)、《休息》(«Отдых»)、《秋天的花束》(«Осенний букет»)等。风景画以油画《芬兰湾风光》(«Пейзаж Финского залива»)最为出名,画家运用高超的画技将芬兰湾美丽的自然风光描绘得栩栩如生,充满意境。

列宾的历史画代表作有《伊凡雷帝杀子》①(«Иван Грозный и сын его Иван»)和《查波罗什人写信给苏丹王》(«Запорожцы пишут письмо турецкому султану»)。前者画家描绘了一幅伊凡雷帝失手杀子之后抱住垂死的儿子,惊恐万分又悔恨不已的画面,借不可逆转的杀子之痛预示伊凡统治即将灭亡,而有意采用的深红色调则将恐怖的气氛扩大到极致,将伊凡四世的兽性和人性完美展现出来。后者的氛围则完全不同,它描绘的是查波罗什人(16～18世纪俄国哥萨克)不愿屈服归顺土耳其,写信嘲笑挖苦苏丹王的情景,借此展示哥萨克人热爱生活、富有情趣的文化传统和不可征服的民族精神。画上所有的人都个性鲜明,但无一例外都在笑,而且笑的姿态、神情也各不相同,堪称一幅人类笑容的百科全书。

列宾创作成果丰富,涉及各种题材,但其创作的中心人物一直都是俄国的劳动人民以及为人民的自由民主而斗争的革命者。列宾的创作始终把握时代的脉搏,紧密联系俄国社会现实,揭露和批判沙皇专制制度,在其成名作《伏尔加河上的纤夫》②(«Бурлаки на Волге»)中体现得淋漓尽致。这幅油画描绘了烈日酷暑下11

---

① 也译作《伊凡雷帝和他的儿子伊凡》,珍藏在特列季亚科夫美术馆。画作于2018年5月25日遭到一男子破坏,不得不进行修复(因画作非常珍贵,一般不能轻易移动,只有第二次世界大战期间曾收起保护)。据称,该男子当日在美术馆的小吃部喝了伏特加,加之不相信该画作的历史真实性,拿起画作围栏的铁柱将保护画作的玻璃砸碎,致使画作三处严重受损。2013年也曾有人质疑画作的历史真实性要求撤出该画,遭馆方拒绝。1913年该画作也曾遭到故意损坏,当时列宾本人也参与了补救工作。

② 《伏尔加河上的纤夫》珍藏于圣彼得堡的俄罗斯博物馆(Русский музей),旧称米哈伊洛夫宫(Михайловский дворец),是俄罗斯及世界著名历史博物馆。俄罗斯博物馆创立于1895年,是由亚历山大三世下令创立的,1898年对公众开放。俄罗斯博物馆收藏品达41万件。

位衣衫褴褛的纤夫拖着货船,在漫长荒芜的沙滩上步履沉重地前行的景象。画家通过对纤夫不同年龄、身材、性格、体力、表情的刻画展现了他们不同的经历和个性,但无一例外,他们都是生活在俄国社会最底层的人,受尽摧残与折磨。透过他们,画家不仅揭示了沙俄专制下普通民众奴役般的生活,更向世人展示出这是一支在苦难中团结一致、相互依存的队伍,赞颂了他们身上的智慧、善良和坚韧不拔的力量。这也正是画家的创新之处,他不愿只将人民当作同情、可怜的对象,而是在反映现实的同时,努力挖掘人物身上所蕴藏的巨大的精神力量。

此外,列宾还创作了一系列革命题材的作品,如《宣传者被捕》(«Арест пропагандиста»)、《临刑前拒绝忏悔》(«Отказ от исповеди»)、《不期而至》(«Не ждали»)等。《宣传者被捕》描绘的是下乡宣传的民粹派知识分子被捕的场面,他们为农民的权益而积极斗争,无所畏惧,但画面上的农民对此事的态度却各不相同,反映了民粹派无比尴尬又孤立无援的境况,让人感到无奈。《临刑前拒绝忏悔》画的是一位革命者临刑前毫不畏惧,用拒绝向沙皇政府忏悔来表达自己的抗议,这幅画集中表现了革命者对信仰的忠贞和视死如归的气节。《不期而至》画的则是一位被流放多年的革命者突然回家,瞬间引起全家惊愕的场景。从画面上看,革命者身着囚衣,十分疲惫,显然是经受了无数折磨与艰辛。对待革命者的突然归来,全家的反应也是各不相同——母亲是即将爆发喜悦前的沉默,儿子的表情是由惊奇转为逐渐识别,女儿则是由于年龄幼小显出对陌生人的惧怕等。画面自然有序,富有动感,蕴含着画家对革命者深切的同情。

(3)彼罗夫。

彼罗夫(В. Г. Перов,1833~1882),俄国巡回展览画派著名画家之一。彼罗夫一生悲惨,在沙皇的迫害下饥寒交迫,死于肺病。

彼罗夫绘画题材广泛多样,善于捕捉生活中的变化,具有辛辣的批判、讽刺风格,作品具有浓郁的生活气息和强烈的爱憎感情。

画作《三套车》(«Тройка»)是3个儿童迎着风雪拉着一副雪橇艰难地前行。雪橇上有一只竖立的大木桶和一只横放着的小木桶,大木桶装满了杂七杂八的破旧杂物。这是19世纪俄国穷苦贫民生活的真实写照。

《送葬》(«Проводы покойника»)这幅作品取材于俄国著名诗人涅克拉索夫的长诗《严寒,通红的鼻子》,既具有给文学作品插图的意义,又可视为一幅单独的作品。画作表现的是一家的男人死了,被装入棺材运往墓地埋葬。在冬天寒冷的一望无际的原野上,送葬的人只有他的妻子和两个孩子,还有一只忠实的狗,显得非常凄苦。

(4)尼·盖。

尼·盖(Н. Н. Ге,1831~1894),巡回展览画派中与克拉姆斯柯依并驾齐驱的画家,其创作成为该画派在历史题材上的奠基之作。尼·盖、苏里科夫和瓦斯涅佐夫对巡回展览画派在历史题材中进行的改革和民族美术的发展具有重要意义。

尼·盖的名画《彼得大帝审问王子阿历克赛》(«Петр I допрашивает царевича Алексея в Петергофе»)是在俄国历史画中首次将两种社会力量对抗的冲突场面表现出来的杰作。

(5)苏里科夫。

苏里科夫(В. И. Суриков,1848~1916),俄国著名历史题材画家,其成名作大部分取材于历史事件。苏里科夫的大型历史画作《近卫军临刑的早晨》(«Утро стрелецкой казни»)、《缅希科夫在别廖佐夫镇》(«Меншиков в Березове»)和《女贵族莫洛卓娃》(«Боярыня Морозова»)被称为历史画的"三部曲",是展现俄国社会变革的宏阔史诗与经典画卷。

苏里科夫的代表作《近卫军临刑的早晨》和《缅希科夫在别廖佐夫镇》以宏大的场面,生动地刻画了众多的人物形象,借历史事件影射沙皇对人民群众镇压的现实,获得了艺术界的高度评价。

《女贵族莫洛卓娃》(«Боярыня Морозова»)画中的莫洛卓娃是个真实的人物,她是显赫的贵族,又是旧礼仪派的忠实拥护者,曾向旧礼仪派领袖阿瓦库姆提供物质帮助。1671年,沙皇下令将其逮捕。苏里科夫画中所描绘的是莫洛卓娃被押解通过莫斯科大街的情景。画面上的莫洛卓娃纤巧动人,她的面部因为激动而显得很美,又由于苦难造成的瘪陷和灰白而显得可怕。画家通过这样一个历经苦难但仍坚信自己是在为俄罗斯斗争的人物形象,出色地表现了俄罗斯民族精神和俄国历史发展中的悲剧。

《攻陷雪城》(«Взятие снежного городка»)、《叶尔马克征服西伯利亚》(«Покорение Сибири Ермаком»)、《苏沃洛夫越过阿尔卑斯山》(«Переход Суворова через Альпы»)等都表现了人民和统治者之间的矛盾和历史人物的悲剧命运。

为了创作《斯杰潘·拉辛》(«Степан Разин»),苏里科夫多次深入顿河、伏尔加河哥萨克聚居区体验生活,表明了他对创作的严肃态度。

晚年因观点分歧苏里科夫离开巡回展览画派。

(6)瓦斯涅佐夫。

瓦斯涅佐夫(В. М. Васнецов,1848~1926),巡回展览画派画家,创作了一系列以俄罗斯童话故事为内容的优秀作品。

瓦斯涅佐夫33岁时在第九届巡回画展上展出了《阿廖努什卡》(«Аленушка»)。这是以俄罗斯民间故事为题材的富有诗意的绘画作品。传说阿廖努什卡是一个质朴、善良又美丽的姑娘,失去了父母成了孤儿。她从小就饱尝了人世间的不公和悲哀,后来她失去了弟弟,又离开了自己的恋人。少女的不幸与周围自然景色构成充满悲悯的诗意。画中蜷曲的少女姿态和冲向天际的林木互相映衬,显得格外真实感人。

瓦斯涅佐夫对俄国民间传说故事和史诗中的英雄人物颇为喜爱,并以此为题材创作了一系列优秀作品。其中最著名的是《三勇士》(«Богатыри»)和《十字路口的勇士》(«Богатыри на перекрестке»),这两幅作品画的都是富有传奇色彩的俄罗斯古代勇士。前一幅描绘的是中世纪3位来自不同民族的英雄,他们骑着不同颜色的战马,各具雄姿,气度非凡,充分体现出俄罗斯民族不可战胜的英雄本质和人民的独立精神。后一幅画的则是一位来自东方的勇士,面对十字路口的石碑上显示的三条道路(向左——美好生活,向右——梦想成真,向前——充满危险),他毫不畏惧地选择了前行的道路,表现了俄罗斯勇士坚毅果敢、无所畏惧的英勇精神。

(7)库因吉。

库因吉(А. И. Куинджи,1842~1910),俄国巡回展览画派画家。

库因吉生于克里米亚,擅长运用光影对比,用色大胆,艺术感染力极强,出色地表现了美丽恬静的自然风光。19世纪70~80年代是其创作的鼎盛时期,其代表作有《草原》(«Степь»)、《乌克兰之夜》(«Украинская ночь»)、《桦树林》(«Березовая роща»)、《第聂伯河上的月夜》(«Лунная ночь на Днепре»)等。库因吉晚年执教于皇家美术学院,并领导风景画室的工作。

(8)谢洛夫。

谢洛夫(В. А. Серов,1865~1911),俄国画家。谢洛夫自幼爱好绘画,9岁时师从列宾,年轻时又在皇家美术学院受到严格的绘画基础训练,为他的成长奠定了基础。谢洛夫的创作题材多样,肖像画、历史画、风俗画、风景画、插图和舞台美术无所不能,但他最出色的是肖像画。

15岁时,谢洛夫随列宾前往查波罗什人生活过的地方体验生活,学会了如何观察生活和艺术地表现生活的本领。后来又经常出入于文化人聚会的阿布拉姆采沃庄园(усадьба Абрамцево),结识了艺术家马蒙托夫。在庄园时谢洛夫为马蒙托夫的女儿薇拉创作了著名的肖像画《少女与桃子》(«Девочка с персиками»),当时谢洛夫年仅22岁。这是一个随意的生活瞬间的显现,显得格外轻松自然。画中的薇拉有一双乌亮的大眼睛,冷漠而机灵,配着那一头不听话的黑发,更显得漫不经心。她那晒得微微发黑的面孔,透现出健康的红晕。少女生活在俄国典型的中产阶级家庭,室内整洁明亮,没有奢华的装饰,画家所着意描绘的是阳光的少女形象和她所处的生活环境。

谢洛夫的油画还有《阳光下的少女》(«Девушка, освещенная солнцем»)等。

(9)萨夫拉索夫。

萨夫拉索夫(А. К. Саврасов,1830~1897),巡回展览画派和巡回艺术展览协会的创始人之一,被称为"俄罗斯风景画派的真正奠基者"。

萨夫拉索夫走遍俄国大地,乐此不疲地描绘富有俄罗斯民族特色的穷乡僻壤。萨夫拉索夫的绘画不仅展现了俄国大自然的美丽,还能让人感受到俄国底层人民的生活气息。萨夫拉索夫将自己丰富的民族情感融入画中,使其风景画具有浓郁的"抒情性",开创了"抒情风景画"。萨夫拉索夫最为出名的作品为《白嘴鸦飞来了》(«Грачи прилетели»),这幅画完美地展现了他的艺术思想和绘画水平,可谓俄国风景画的里程碑。《白嘴鸦飞来了》描绘的是一幅白嘴鸦归巢的图景——大地仍在沉睡,积雪还没融尽,周围被寒冷包裹,但白嘴鸦的到来预示着万物开始苏醒,春天即将到来。画家描绘的虽是荒凉的原野,但画面却和平宁静,散发出初春的新鲜气息,充满了希望,再加上画面中所蕴藏的画家对祖国大地浓浓的眷恋之情,使得该画在巡回展览画派的第一次巡回展览会上展出时就引起巨大轰动。

(10)希施金。

希施金(И. И. Шишкин,1832~1898),19世纪后期现实主义风景画的奠基人之一,俄国巡回展览画派最具代表性的风景画家。

希施金对俄国大自然有着浓烈的情愫,一生钟爱于描绘森林,为万千树木写生,以松树和橡树最多。希施金笔下的森林宏伟壮丽、郁郁葱葱、静谧宁静却生机盎然,充满诗意美和神秘感,所画树木巍然挺立、疏密有致,松树雄健挺拔,橡树婆娑多姿,独具个性,象征着俄罗斯民族雄实、深沉、豪放的性格,因此被人们誉为"森林的歌手"。克拉姆斯柯依曾说,"他一个人就是一个画派"。希施金主要作品有《森林采伐》(«Рубка леса»)、《松树林》(«Сосновый лес»)、《麦田》(«Рожь»)、《橡树林》(«Дубовая роща»)、《松林的早晨》①(«Утро в сосновом лесу»)等。《松林的早晨》画的是在清晨的大森林里,母熊看着小熊们在倒下的树桩上嬉戏玩耍的情景,充满情趣。画面上朝雾弥漫,阳光刚从树梢射进密林,周围一片宁静,仿佛可以嗅到露水的气息和森林独有的芬芳,令人心旷神怡,有种用心灵与森林对话的意境。

(11)列维坦。

列维坦(И. И. Левитан,1860~1900),19世纪末俄国最伟大的风景画大师,现实主义风景画大师,巡回展览画派的成员之一。列维坦的作品极富诗意,深刻而真实地表现了俄罗斯大自然的优美,被誉为"俄罗斯大自然的诗人"(поэт русской

---

① 画中的熊是同为巡回展览画派的画家萨维茨基(К. А. Савицкий, 1844~1905)所画,在被特列季亚科夫美术馆收藏时将其署名去掉了。

природы)。

　　列维坦一生坎坷,童年贫困,少年失去双亲,求学之路颇为艰辛,因是犹太人而一生遭遇驱逐,终生未婚,英年早逝。列维坦天赋异禀,又师从萨夫拉索夫、彼罗夫和瓦斯涅佐夫,最终成长为俄国画坛上不可替代的大师。列维坦的作品用笔洗练、题材广泛、情感充沛、极富诗意,将俄罗斯大自然朴素而深沉的美表现得淋漓尽致。与此同时,列维坦作品大胆探索人生的哲理,既具有时代特性,又饱含生活特征。列维坦将风景画的抒情特色和印象派的特点结合在一起,开创了"概念风景画"(或"情绪风景画")画派。列维坦成名作为《索科尔尼基的秋日》(«Осенний день. Сокольники»),这是列维坦的风景画中唯一一幅有人物出现的作品。早期作品《伏尔加河的傍晚》(«Вечер на Волге»)、《雨后》(«После дождя. Плес»)、《小白桦树林》(«Березовая роща»)都是用抒情笔调描绘大自然多样的美。19世纪90年代,列维坦开始探索在风景画中表现时代的气息,代表作《弗拉基米尔卡》(«Владимирка»)、《墓地上空》(«Над вечным покоем»)、《傍晚钟声》(«Вечерний звон»)等均呈现出一种悲怆和凄凉的气氛,表达了当时压抑的社会情绪。随着革命运动的兴起,列维坦又创作了《伏尔加河上的清风》(«Свежий ветер. Волга»)、《三月》(«Март»)及《金色的秋天》(«Золотая осень»)等作品,流露出喜悦和激动的心情。其中《金色的秋天》色彩鲜艳、格调明快,虽表现的是大自然凋谢的季节,但所呈现的却是一幅秋高气爽、绚丽灿烂的初秋图景。画中万籁俱寂,远近景物都使用了艳丽的色彩,画家在欢喜地将大自然的美推向顶峰的同时也描绘了树叶凋落、草地开始枯黄的现实,蕴藏了几分惋惜和伤感,艺术价值极高。

　　(12)波列诺夫。

　　波列诺夫(В. Д. Поленов,1844~1927),俄国巡回展览画派画家,致力于描绘现实主义传统的风景,传授与日常生活相关的俄罗斯大自然的无声诗歌。波列诺夫的主要画作有《莫斯科庭院》(«Московский дворик»)、《祖母的花园》(«Бабушкин сад»)、《杂草丛生的池塘》(«Заросший пруд»)等。

　　巡回展览画派画家创作的题材丰富多彩,包括社会生活题材(彼罗夫的作品)、历史题材(苏里科夫和瓦斯涅佐夫的作品)、风景画(希施金和萨夫拉索夫的作品)及肖像画(克拉姆斯柯依的作品)等。

　　自1871年至1923年约半个世纪的时间里,巡回展览画派共举办了47次流动展览,展出地点遍及俄罗斯各地,受到广大人民的热烈支持,轰动整个艺术界。

3. 19世纪末的俄罗斯绘画

　　19世纪下半叶俄罗斯还产生了一个有一定影响力的画派——印象派(импрессионизм)。俄罗斯印象派吸收了法国印象派的精华,具有自身的特点。印象派代表人物有弗鲁别利等。

弗鲁别利(М. А. Врубель,1856~1910),俄国画家,致力于在画中表现人的本质问题。弗鲁别利的画作充满了主观、个体的特征,有时还表现出一种病态的神秘色彩。弗鲁别利虽然分别参加过"巡回展览画派"和"艺术世界"两个团体的展览活动,但却没有依附其中任何一个艺术派别,他一直坚持走自己的艺术之路。

弗鲁别利的作品有《天鹅公主》(«Царевна-Лебедь»)等。

四、20 世纪的俄罗斯绘画

1. 先锋派绘画

20 世纪初,俄罗斯艺术家开始自己的艺术探索。从 20 世纪初到 20 世纪 30 年代,受到西欧现代主义运动和俄罗斯民间文化传统资源的两方面影响,先锋派(авангардизм)美术应运而生,主要代表人物有马列维奇和康定斯基等。

(1)马列维奇。

马列维奇(К. С. Малевич,1878~1935),几何抽象派画家。1913 年,马列维奇在一张白纸上用直尺画上一个正方形,再用铅笔将之均匀涂黑,至上主义的第一件作品《白底上的黑色方块》(«Черный квадрат на белом фоне»)由此诞生。这一极其简约的几何抽象画,于 1915 年在彼得格勒(今圣彼得堡)展出,引起极大轰动。按照他自己的话说,要把艺术从物体的重压下解放出来。在他的《非客观世界》一书里,他写道:"客观世界的视觉现象本身是无意义的,有意义的东西是感觉,因而是与环境完全隔绝的,要使之唤起感觉。"

马列维奇的《黑色正方形》①(«Черный квадрат»)是当时少见的至上主义绘画。与极简的至上主义构图《白上之白》(«Белое на белом»)相比,这幅画的图形安排得更规整,黑色正方形不偏不倚地出现在白色画布的正中央。在与代表着无限的虚空的白底色的强烈对比下,黑色正方形有力地展示了纯情感的表现力。

(2)康定斯基。

康定斯基(В. В. Кандинский,1866~1944),画家、美术理论家。康定斯基和

---

① 《黑色正方形》珍藏于圣彼得堡的艾尔米塔什博物馆(Государственный Эрмитаж)。艾尔米塔什法语意为"隐宫",最早是叶卡捷琳娜二世女皇的私人宫邸。艾尔米塔什博物馆于 1764 年在俄国女皇叶卡捷琳娜二世宫廷收藏品基础上建立,1852 年起对公众开放。1922 年,冬宫博物馆与艾尔米塔什博物馆合为一体,称艾尔米塔什博物馆。艾尔米塔什博物馆整个建筑群由冬宫(Зимний дворец)、小艾尔米塔什(Малый Эрмитаж)、大艾尔米塔什(Большой Эрмитаж)、新艾尔米塔什(Новый Эрмитаж)和艾尔米塔什剧院(Эрмитажный театр)5 座建筑组成。目前,博物馆的藏品约有 300 万件,其中包括 16 000 幅绘画、60 万幅线条画、12 000 件雕塑、25 万件实用艺术品、70 万件考古文物和 100 万枚古钱币等。

马列维奇一起被称为抽象主义(абстракционизм)的先驱。康定斯基还与其他艺术家共同成立了一个为时不长但很有影响力的"蓝骑士"(Синий всадник)艺术团体。康定斯基是现代艺术的伟大人物之一,现代抽象艺术理论和实践的奠基人。

康定斯基的作品主要有《莫斯科红场》(«Москва. Красная площадь»)、《即兴创作》(«Импровизация»)、《构图》(«Композиция»)等。

2. 社会主义现实主义绘画

20世纪30年代,社会主义现实主义(социалистический реализм)理论逐渐形成,该理论要求艺术家从现实的革命发展中真实地、具体地去描写现实。社会主义现实主义绘画作品珍藏在特列季亚科夫美术馆新馆[①](Новая Третьяковка)。

---

① 特列季亚科夫美术馆新馆(Новая Третьяковка)位于莫斯科河沿岸的雕刻公园内,与旧馆有一定的距离。特列季亚科夫美术馆新馆于1986年开馆,主要展出20世纪俄罗斯抽象派全盛时期到社会主义现实主义时期的绘画作品。此外,特列季亚科夫美术馆新馆收藏的康定斯基等著名画家的作品,也会经常到国外展出。

第六章 俄罗斯音乐

一、古罗斯时期的音乐

古罗斯音乐是俄罗斯艺术重要的组成部分,也是世界艺术史中不可或缺的一页。古罗斯音乐表现和反映了古罗斯社会所走过的漫长历程。

俄罗斯的音乐可以追溯到遥远的古代,其源自古斯拉夫人的文化和日常生活,也与他们的信仰、习俗、风俗、仪式有关,并在斯拉夫民族漫长的历史发展过程中,逐渐成长壮大,形成了具有俄罗斯民族特征的音乐文化。古罗斯音乐产生于 9~10 世纪之交。基辅是古罗斯的文化中心,也是古罗斯的第一个音乐中心。当时的乐器有古丝里琴、喇叭、牧笛、号、芦笛、库维契基笛、索别尔笛等。古罗斯时期,音乐仪式是基辅大公和武士们日常生活中的重要内容,出征、节日、宴会、隆重的仪式都有音乐伴奏。

17 世纪,西欧器乐开始传入俄国。在莫斯科的贵族家庭里,首先出现了拨弦古钢琴和击弦古钢琴,后来又有了小提琴、大提琴、小号和其他乐器。这些乐手在当时的俄罗斯组建起最初的乐团。

17 世纪后半叶,在俄罗斯人的日常生活里出现了多声部世俗歌曲,这种歌曲主要在贵族家庭里演唱。

从 17 世纪中叶开始,大钟、小钟奏出不同音调的音乐,形成一种优美的和声和共鸣。因此,钟楼的钟声也成为俄罗斯的一种音乐艺术形式。

二、18 世纪的俄罗斯音乐

18 世纪对俄罗斯而言是一个"理智和启蒙的世纪",音乐已经成为俄罗斯人生活中重要的组成部分。但是,俄罗斯音乐与其他艺术形式相比,尤其是与俄罗斯文学相比,发展速度比较缓慢。

18 世纪前 20 年,俄罗斯的音乐生活发生了变化,音乐进入了俄罗斯的世俗社会。"音乐是人民的心灵"的观念开始进入人们的意识中。1709 年,彼得大帝让作曲家季托夫举办了一场世俗音乐会,在这次音乐会中演奏的一首歌曲《欢庆吧,俄罗斯大地》,标志着世俗音乐(светская музыка)开始被社会所承认,可以视为俄罗斯世俗音乐发展的开始。

赞美诗(ода)是彼得大帝时代一种最大众的诗歌形式,也是当时的一种音乐体裁。赞美诗在音乐上是一种无伴奏的三声部合唱,这种合唱有军事内容的,也有抒情内容的。18世纪的赞美诗是音乐旋律与抒情诗歌的结合,对后来的俄罗斯古典浪漫曲和格林卡的民族歌剧创作有较大的影响。

三、19世纪的俄罗斯音乐

19世纪,俄罗斯音乐达到了空前的繁荣,这是由19世纪俄罗斯历史发展的进程决定的。在19世纪涌现出许多作曲家,他们在把握俄罗斯民族音乐传统的同时,用古典主义、浪漫主义和现实主义的音乐形式再现出俄罗斯社会的风貌,人民的理想、情操和精神追求。19世纪,俄罗斯音乐有着丰富的内容——有的音乐转向自己国家和民族的过去,挖掘俄罗斯文化根源,使音乐具有一种深沉的历史沉淀感;有的音乐表现俄罗斯社会的现实生活,使音乐具有鲜明的时代气息和现实感;有的音乐憧憬自己民族文化的前景和未来,使音乐具有超越时代的精神气息。19世纪,俄罗斯音乐也有多种多样的形式——歌剧、交响乐、交响音画、协奏曲、芭蕾舞音乐,以及各种声乐作品,呈现出音乐发展的繁荣景象。

19世纪,音乐更加积极地走进了俄罗斯社会各阶层的日常生活。音乐的主要活动场所在中学、寄宿学院和大学。当时,俄罗斯上层社会很重视音乐,尤其是严肃音乐逐渐成为他们的普遍爱好。从19世纪20年代起,莫斯科和彼得堡音乐生活变得更加普及和活跃,出现了专门的音乐组织,把音乐家和音乐爱好者聚集在一起。1802年,在18世纪彼得堡"音乐小组"的基础上成立了"爱乐社",当时的活动很有影响力。19世纪起,钢琴、竖琴等乐器走进了俄罗斯人的家庭,成为俄罗斯家庭普遍的娱乐工具。

声乐抒情曲是19世纪初俄罗斯一种最流行、最钟爱的音乐体裁。当时,音乐悲剧、轻松喜剧、幕间歌舞节目等音乐形式也比较流行,与此同时,历史题材的歌剧也得到了发展,这为格林卡的出现和音乐创作奠定了基础。

(1)格林卡。

格林卡(М. И. Глинка,1804~1857),19世纪上半叶俄国重要的作曲家,俄罗斯民族歌剧和交响乐的奠基人。格林卡的音乐创作内容丰富,形式多样,包括歌剧、交响乐、室内乐和浪漫曲等。格林卡的音乐确立了俄罗斯民族音乐的发展方向,并且成为衡量俄罗斯音乐思想内容和艺术形式的标尺。格林卡的音乐充满了

对自己的祖国、人民和俄罗斯大自然的热爱，具有饱满的爱国主义热情，成为俄罗斯音乐创作的典范。格林卡的音乐创作开启了俄罗斯民族音乐真正的新时代，因此，格林卡被称为"俄罗斯音乐之父"(отец русской музыки)。

1812年，俄国爆发了抗击拿破仑侵略的卫国战争。当时，虽然格林卡才8岁，但是他目睹了残酷战斗带来的苦难，亲耳听到了关于人民游击队英勇抗敌的生动故事。俄国人民的英雄业绩和高涨的爱国热情，激发了格林卡民族意识的觉醒，促成了他后来创作出"民族英雄悲壮歌剧"《伊凡·苏萨宁》(《Иван Сусанин》)。

《伊凡·苏萨宁》是一部描写人民英雄的歌剧。歌剧的情节是根据民间传说改编的。1612年，虽然波兰侵略者已经被俄罗斯军民赶出了俄罗斯国土，但其残余部队仍然在俄罗斯大地上流窜，其中有一个小分队窜入农民伊凡居住的村庄，强迫他当向导抄近路去莫斯科。面对敌人的威逼，伊凡从容镇静，佯装答应给波兰人带路，之后将他们引到一个荒芜人迹的密林中与敌人同归于尽。伊凡的英雄举动感动了许多俄罗斯人。

在《伊凡·苏萨宁》之后，格林卡开始创作第二部歌剧《鲁斯兰与柳德米拉》(《Руслан и Людмила》)。《鲁斯兰与柳德米拉》①是俄罗斯第一部童话史诗歌剧，歌剧情节来自俄罗斯一个古老的民间传说，描写了善与恶、光明与黑暗、正义与邪恶的较量和斗争，最终善良、光明和正义取得了胜利。这部歌剧由序曲和5幕组成。序曲一下子就把听众带入俄罗斯民族诗意般的世界，揭示出歌剧的主题，用奏鸣曲写成，采用对比手法，一方面强调俄罗斯的力量和雄伟，另一方面刻画黑暗世界和敌对势力。

《伊凡·苏萨宁》和《鲁斯兰与柳德米拉》两部歌剧是俄罗斯歌剧音乐的瑰宝，是19世纪上半叶俄罗斯新型的民族音乐的两座高峰。这两部歌剧音乐对后来俄罗斯作曲家的歌剧音乐创作具有重大的影响。

(2) 鲁宾斯坦。

安东·鲁宾斯坦(А. Г. Рубинштейн，1829~1894)，俄国伟大的钢琴家、音乐教育家和改革家。

安东·鲁宾斯坦于19世纪50年代后期开始以钢琴家的身份巡回演出，最终定居在圣彼得堡。1862年，他和弟弟尼古拉·鲁宾斯坦②一同创立了俄国的第一

---

① 《鲁斯兰与柳德米拉》是普希金创作的一部长诗，歌剧原本希望由普希金亲自来写脚本，但1837年普希金突然因决斗身亡。

② 尼古拉·鲁宾斯坦(Н. Г. Рубинштейн，1835~1881)，俄罗斯音乐家。1866年，创建莫斯科音乐学院(Московская государственная консерватория имени П. И. Чайковского)，柴可夫斯基曾在此任教。

所音乐高等学府——圣彼得堡音乐学院。

安东·鲁宾斯坦以自己的热忱吸引了俄国先进知识分子,为音乐的大众化做了大量工作。安东·鲁宾斯坦及其弟弟在彼得堡和莫斯科分别创立的俄罗斯音乐协会,成为19世纪下半叶俄国音乐文化的中心,该协会的任务就是"让广大的听众听懂好的音乐"。因此,协会提出的首要问题就是音乐教育问题——音乐学院不应是培养匠人,而是培养高水平的音乐人才,这些人的音乐水平应当与欧洲的音乐人才水平处在同一个层次。安东·鲁宾斯坦为广大平民阶层中有音乐才华的青年开辟了一条道路,他还力图提高职业演员的社会地位,提高演员职业的威信,使之具有与其他职业平等的地位。俄罗斯音乐协会的活动很快就有了影响力,19世纪60年代在俄国的其他城市建立了分会。

19世纪下半叶,"强力集团"(Могучая кучка)的音乐活动在俄国占有很重要的地位。"强力集团"以巴拉基列夫为领导,成员有穆索尔斯基、鲍罗廷、里姆斯基-科萨科夫和居伊。"强力集团"成员接受现实主义的美学思想,继承格林卡的音乐传统,坚持俄罗斯音乐发展的民族化道路,他们以创作通俗易懂的优秀音乐作品为宗旨,力求用音乐表现人民的生活,真实鲜明地、不加粉饰地再现人民的生活。

(3)巴拉基列夫。

巴拉基列夫(М. А. Балакирев,1836~1910)出身于一个小官吏家庭,在童年时已经表现出对音乐的喜爱。1855年在彼得堡结识了格林卡和斯塔索夫等人,开始了自己的音乐家和音乐活动家的生涯。巴拉基列夫是一位完全新型的音乐家,他关心俄罗斯音乐民族色彩问题,十分重视作品的内容和所表达的理想。巴拉基列夫创作的作品不太多,但他是19世纪下半叶俄罗斯音乐的一位权威活动家和组织家。巴拉基列夫的主要任务是培养自己的学生,这些学生成为俄罗斯音乐和世界音乐的骄傲。用俄国著名音乐评论家斯塔索夫的话说,"如果离开他,俄罗斯音乐的命运大概完全是另外的样子"。巴拉基列夫的主要作品有两部交响曲、富于东方色彩的交响诗《塔玛拉》(«Тамара»)、钢琴幻想曲《伊斯拉美》(«Исламей»)、莎士比亚悲剧《李尔王》配乐、四首管弦乐曲等。

(4)穆索尔斯基。

穆索尔斯基(М. П. Мусоргский,1839~1881),出身于一个地主家庭,从小显示出音乐才能,弹得一手好钢琴并能创作钢琴曲。1852年,穆索尔斯基考入禁卫士官学校,毕业后成为一名军官。

穆索尔斯基是"强力集团"的一位重要成员。在穆索尔斯基的音乐创作中,俄罗斯19世纪60~70年代艺术思维的普遍规律得到独一无二的体现,他的音乐作品内容生动,气势宏大。穆索尔斯基的音乐剧对俄罗斯历史进行了典型的概括,用音乐形象细腻地表现出俄罗斯文学"自然派"所固有的那种展示现实生活的愿望。

真实是穆索尔斯基的美学原则,歌剧是他创作的主要体裁,其作品有《结婚》(«Женитьба»)、《鲍里斯·戈东诺夫》(«Борис Годунов»)等。此外,还有交响幻想曲《荒山之夜》(«Ночь на Лысой горе»)、钢琴曲《图画展览会》(«Картинки с выставки»),以及60多首浪漫曲和歌曲。

歌剧《鲍里斯·戈东诺夫》是穆索尔斯基的代表歌剧,是根据普希金同名悲剧创作的。歌剧的冲突是在用阴谋手段篡夺了皇位的沙皇鲍里斯·戈东诺夫和人民之间展开的,这场冲突导致了人民起义的爆发。歌剧体现出用"活生生的音乐表现活生生的人"这一原则,这个原则不但成了作曲家诗意般灵感的标尺和源泉,而且也成了这部歌剧的每个乐句、每个乐章的灵魂。

穆索尔斯基是一位真正的俄罗斯作曲家,他的音乐表现和反映俄罗斯人民的生活,与俄罗斯人民的生活息息相关,并且相信人民有巨大的、创造性的力量。他的音乐创作摆脱了欧洲古典主义音乐的条框,同时又对俄罗斯民间音乐有着深刻的理解,这就让他能够创作出一种基于俄罗斯民族音乐的独一无二的音乐。这种音乐把俄罗斯民歌音调的特殊之美及俄罗斯多声部歌曲的色彩与音乐语言形式的灵活自由结合起来。穆索尔斯基创作俄罗斯音乐的新方法预示着19~20世纪之交的音乐思维革命的到来。

(5) 鲍罗廷。

鲍罗廷(А. П. Бородин,1833~1887)是俄国独具一格的作曲家。鲍罗廷本来是一位化学家,圣彼得堡医学院的教授,俄国女子高校的奠基人和著名的社会活动家。

鲍罗廷用自己的音乐作品表现俄罗斯人民伟大的民族性格和英雄主义等特征,塑造出俄罗斯勇士的雄伟形象,代表作是歌剧《伊戈尔王》(«Князь Игорь»)。在他的作品里也有抒情的、迷人的、真诚的、充满热情和温柔的人物形象。鲍罗廷的音乐旋律广阔、如歌如诉、富有弹性,他的所有音乐表现手段都具有一种革新的特征。鲍罗廷一生共写了3部交响乐、1部交响音画《在中亚细亚草原上》(«В Средней Азии»)、1部歌剧。此外,他还写过弦乐、钢琴五重奏、弦乐四重奏、钢琴组曲和16首浪漫曲。

鲍罗廷与俄罗斯其他作曲家相比并不高产,但他的音乐创作对后来俄罗斯的音乐发展产生了很大的影响,许多作曲家的创作在一定程度上都是对他音乐创作的继承。

(6) 里姆斯基-科萨科夫。

里姆斯基-科萨科夫(Н. А. Римский-Корсаков,1844~1908)是俄国一位声音魔术师,是一位擅长抒情的音乐家。里姆斯基-科萨科夫的音乐创作在"强力集团"的音乐家中占有特殊的地位,他的创作把19世纪俄罗斯音乐推向一个新的高峰。里姆斯基-科萨科夫在忠于"强力集团"传统和19世纪60年代音乐家的思想遗产的同时,又在音乐领域有所创新,使得其创作与两个世纪之交的新艺术流派衔接起来。里姆斯基-科萨科夫的音乐以音调的客观性、世界观的鲜明性、对情节的现实主义和浪漫主义的阐释而著称。里姆斯基-科萨科夫早期的歌剧对俄罗斯的民间题材进行诗意般的、浪漫主义的阐释,最为鲜明地表现出他的审美原则,后来让位于讽刺和伦理-哲理的题材,这为20世纪初俄罗斯音乐艺术进行思想探索和风格探索做了直接的准备。

里姆斯基-科萨科夫是位音乐创作上的多面手,几乎在所有音乐体裁上都留下了巨大的遗产。里姆斯基-科萨科夫收集、编写了《俄罗斯民歌100首》(«100 русских народных песен»)。1878年,里姆斯基-科萨科夫根据果戈理的中篇小说《五月之夜》(«Майская ночь»)谱写了同名歌剧,他采用了许多俄罗斯和乌克兰的民歌旋律,用以描绘诗意的、温暖的、充满芳香的乌克兰夜晚。

里姆斯基-科萨科夫的作品与俄罗斯童话有密切的联系,人们通过他的作品可以看到对未来的美好憧憬,听到善良战胜邪恶、真理战胜不义的声音,给人一种奋发向上的力量。1880年,里姆斯基-科萨科夫根据奥斯特洛夫斯基的剧作《雪姑娘》谱写了自己的一部最优美歌剧《雪姑娘》(«Снегурочка»)。

《野蜂飞舞》(«Полет шмеля»)是里姆斯基-科萨科夫的名曲之一,选自歌剧《萨尔丹沙皇的故事》(«Сказка о царе Салтане»)中的一段乐曲。

里姆斯基-科萨科夫把自己的一生都贡献给了俄罗斯的音乐事业,他的音乐作品成为后来音乐家的创作范例。

(7)柴可夫斯基。

柴可夫斯基(П. И. Чайковский,1840～1893),19世纪俄国才华横溢、技艺超群的音乐家。柴可夫斯基为世人留下了大量的音乐作品,极大地丰富了世界音乐宝库,在全世界拥有众多的听众。

柴可夫斯基热爱俄罗斯大自然,追求幸福,与一切邪恶势力做斗争,他把自己的音乐创作献给他所热爱的祖国和人民,在他的作品中,可以看到作曲家的痛苦和欢乐、希望和失望、理想和追求、抗争和斗争。柴可夫斯基走的是一条独立但在许多方面又与"强力集团"作曲家的创作方向相连接的道路。"强力集团"作曲家的音乐创作表现和反映俄罗斯历史上的重大事件、俄罗斯民族的史诗、神话以及俄罗斯民族的风土人情,展示民族的整体心理、愿望和理想,而柴可夫斯基更多的是注重人的个人感受和体验,揭示人的内心痛苦和愁闷。在音乐创作上,"强力集团"的音乐是俄罗斯民间音乐素材与异国音乐风味的结合,而柴可夫斯基的音乐则是俄罗斯城市浪漫曲与西欧音乐结合的产物。

柴可夫斯基是彼得堡音乐学派的代表,他继承了格林卡的音乐遗产,特别是注

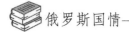

重音乐中的抒情感受和抒情因素。柴可夫斯基抓住了人对生活悲剧方面的尖锐感觉，捕捉住了人与其周围冷漠世界之间不可遏制且无法避免的冲突。柴可夫斯基的音乐形象包含着希望，渴望着斗争，具有19世纪下半叶特定的历史时代的特征。柴可夫斯基重视音乐的民族性，竭力让自己的音乐成为俄罗斯民族精神的表现，他的音乐中广泛吸收、引用俄罗斯的民歌曲调，同时予以富有成效的、大胆的创新。

柴可夫斯基的音乐才华几乎表现在所有的音乐体裁里，但歌剧是他的最爱。柴可夫斯基一共创作了《奥尔良少女》(«Орлеанская дева»)、《马捷帕》(«Мазепа»)、《约兰塔》(«Иоланта»)、《叶甫盖尼·奥涅金》(«Евгений Онегин»)、《黑桃皇后》(«Пиковая дама»)等11部歌剧。其中，《叶甫盖尼·奥涅金》和《黑桃皇后》是他的代表性歌剧作品，已经成为世界各地剧院的保留剧目。

歌剧《叶甫盖尼·奥涅金》基本上按照普希金的同名诗体小说的情节创作，全剧共有22个曲子。柴可夫斯基把这部歌剧叫作"抒情场景"，他的全部注意力都放到揭示主人公的精神世界。歌剧真实、鲜明地揭示了俄国外省地主庄园和都城上层社会的生活，展现了俄罗斯美丽的大自然，并在大自然的背景上刻画主人公的性格、心理、感情和感受。

柴可夫斯基是新型芭蕾舞音乐的奠基人，他的作品《罗密欧与朱丽叶》(«Ромео и Джульетта»)、《哈姆雷特》(«Гамлет»)、《天鹅湖》(«Лебединое озеро»)、《睡美人》(«Спящая красавица»)、《胡桃夹子》(«Щелкунчик»)广为流传，在世界各地上演。

柴可夫斯基的交响乐创作在世界音乐史上占有极其重要的地位，并对俄罗斯作曲家的创作产生了很大影响，6部交响曲和标题交响曲《曼费雷德》(«Манфред»)以及一系列的交响组曲就是最好的佐证。《悲怆交响曲》又称《第六交响曲》(Симфония № 6 — «Патетическая»)是柴可夫斯基作品中最著名、最杰出的乐曲之一，也是古今交响曲中第一流的精品，大约在1893年8～9月间完成，为音乐家的代表作。柴可夫斯基自己也认为这部交响曲是他一生中最成功的作品，也是他最得意的杰作。该曲目首演于同年的10月28日，11月6日，柴可夫斯基与世长辞。《悲怆交响曲》终成为柴可夫斯基的"天鹅之歌"。

柴可夫斯基把俄罗斯的民族气质与西方的民族气质有机地糅合在一起，所以，他创作的音乐既是俄罗斯的，同时又是世界的。柴可夫斯基用各种体裁的音乐作品描写了广泛而多样的俄国现实，他对现代生活的复杂问题十分敏感，并进行了细腻的观察。柴可夫斯基的音乐旋律优美流畅，配器色彩丰富，感情热烈奔放，气势博大恢宏，这些特征是他音乐具有永恒的生命力和永久的艺术魅力的原因。

柴可夫斯基所有的音乐作品都是俄罗斯三大剧院——莫斯科的大剧院、圣彼得堡的玛丽亚剧院和新西伯利亚国立模范歌剧舞剧院经久不衰的剧目。

四、19～20世纪之交的俄罗斯音乐

19世纪末20世纪初,俄罗斯音乐出现了一些变化,在20世纪初的前几年表现得尤为明显。在两个世纪的交界期,俄罗斯音乐的体裁对比关系也在发生变化,"纯交响乐"的领域进一步扩展壮大。此阶段在俄罗斯民族音乐的传统土壤上孕育着新的音乐思维,新一代音乐家继承俄罗斯音乐传统的同时,又把新的创作思维、新的音乐技巧和方法融入其中,这对俄罗斯音乐的发展起到了重要作用。斯克里亚宾和拉赫玛尼诺夫是世纪之交俄罗斯音乐最有代表性的两位作曲家。

(1)斯克里亚宾。

斯克里亚宾(А. Н. Скрябин,1872～1915),19～20世纪之交的一位重要的俄国作曲家。斯克里亚宾的音乐创作是对俄罗斯象征主义音乐的独具一格的总结。

(2)拉赫玛尼诺夫。

拉赫玛尼诺夫(С. В. Рахманинов,1873～1943)是一位把自己的音乐创作与俄罗斯的精神文化传统及自己的祖国紧密联系起来的俄国作曲家。拉赫玛尼诺夫是一位"世纪之交"的儿子,但是他对"世纪之交"文化的态度是双重的。一方面,他对这个时代的艺术创新感兴趣,并且在自己的创作中进行一些试验;另一方面,他又对那些狂热的所谓艺术革新采取一种谨慎的态度。因此,在世纪之交的俄罗斯音乐史上,拉赫玛尼诺夫以自己对待传统的尊敬态度显得尤为引人注目,他不走极端,而是走一种中间道路。拉赫玛尼诺夫的音乐表现出一种对人精神复苏的渴望,在这一点上,他与一些象征主义诗人的观点相似,但是他又像画家列维坦一样,对祖国的一草一木都有着深厚感情,他歌颂俄罗斯并预感到其悲剧的发展道路。

拉赫玛尼诺夫是俄罗斯音乐天幕上的一颗耀眼明星。作为一名作曲家,拉赫玛尼诺夫能敏锐地反映时代的需要和要求,同时又很好地继承了19世纪俄罗斯古典音乐的优良传统。他的创作与柴可夫斯基的创作有着深刻、密切的联系。拉赫玛尼诺夫音乐创作里最主要的特点是感情真诚,旋律优美、灵活、丰富,曲调如歌如诉,富有表现力,旋律对比明确,并有相当的力度。

五、20世纪的俄罗斯音乐

20世纪,歌曲在俄罗斯音乐中占有十分重要的位置。歌曲创作也走上了崭新的发展道路,出现了许多关于新时代、新生活的歌曲。创作这些歌曲的有作曲家,也有业余作者,如著名诗人伊萨科夫斯基(М. В. Исаковский,1900～1973)作词的歌曲《喀秋莎》(«Катюша»)、杜纳耶夫斯基(И. О. Дунаевский,1900～1955)为

电影《库班的哥萨克》(«Кубанские казаки»)谱写的插曲《红莓花儿开》(«Ой, цветет калина»)、索洛维约夫－谢多伊(В. П. Соловьев-Седой,1907～1979)作曲的《莫斯科郊外的晚上》(«Подмосковные вечера»)等。

《喀秋莎》是一首苏联经典歌曲。1939年诺门坎战役发生时,正值初夏季节,苏联诗人伊萨科夫斯基就是从这得到了创作的灵感,写出了诗歌《喀秋莎》。苏联著名作曲家勃朗特尔(М. И. Блантер,1903～1990)看到这首诗歌后,马上便把它谱成了歌曲,迅速唱遍了苏联,顿时掀起了一股爱国主义的热潮。

《红莓花儿开》表达了少女对心上人的思念之情。这首歌也是电影《库班的哥萨克》的插曲,电影和歌曲均获1951年斯大林文艺奖金。

《莫斯科郊外的晚上》是为1956年莫斯科电影制片厂拍摄的纪录片《在运动大会的日子里》(«В дни спартакиады»)而作。1957年在第六届世界青年联欢节上夺得了金奖,成为苏联经典歌曲。这首歌于1957年9月由歌曲译配家薛范①中文译配后介绍到我国,为我国大众知晓。

20世纪俄罗斯音乐的代表人物有普罗科菲耶夫、肖斯塔科维奇等。

(1)普罗科菲耶夫。

普罗科菲耶夫(С. С. Прокофьев,1891～1953)是20世纪俄罗斯一位重要的作曲家和大胆的音乐革新家。普罗科菲耶夫在音乐的旋律、节奏和谐及配器等领域里都做出了革新,同时又与俄罗斯和世界的音乐传统保持着密切联系。普罗科菲耶夫的作品体裁多样、风格多变、形象丰富,抒情音乐、史诗音乐、悲剧音乐、喜剧音乐都在他的创作视野之内。普罗科菲耶夫是一个多产的作曲家,一生共创作了8部歌剧、7部芭蕾舞剧音乐、1部清唱剧、3部康塔塔(指多乐章的大型声乐套曲)、7部交响乐、5部钢琴协奏曲、2部小提琴协奏曲、2部大提琴协奏曲、9部钢琴奏鸣曲和1部交响童话。

(2)肖斯塔科维奇。

肖斯塔科维奇(Д. Д. Шостакович,1906～1975)是20世纪俄罗斯音乐天幕上最独特、最有影响力的一颗星。肖斯塔科维奇创作的特征是善于把众多的音乐成分高度地结合起来,他的音乐具有诗意般的语言、多样的风格体裁和表现形式。肖斯塔科维奇一生共创作了15部交响曲(其中以第五交响曲、第七交响曲、第八交响曲、1917等最为著名)、3部歌剧、3部芭蕾舞及声乐交响史诗,此外,还创作了众多的小提琴、大提琴、钢琴协奏曲,弦乐四重奏,钢琴、小提琴、中提琴和大提琴四重奏,钢琴曲以及声乐和歌曲作品等。

---

① 薛范(1934～2022),中国音乐学家、翻译家。薛范从事外国歌曲的翻译与研究工作70年,翻译了1 000多首俄苏歌曲,包括耳熟能详的《莫斯科郊外的晚上》《红莓花儿开》等。

肖斯塔科维奇的《第二圆舞曲》(«Вальс №2»),也叫《俄罗斯圆舞曲》(«Русский вальс»)创作于1938年,是他的管弦乐代表作之一,深受世界各地听众的欢迎,该曲经常被单独演奏,也被称为"抒情华尔兹",是古典音乐的必听曲目。

肖斯塔科维奇留给世人巨大的音乐财富,他的音乐创作形成了其独特的"肖斯塔科维奇风格",赢得了国际性的声誉。

参考文献

[1] 曹靖华. 俄苏文学史:第1卷[M]. 郑州:河南教育出版社,1992.
[2] 金亚娜. 俄罗斯国情[M]. 哈尔滨:哈尔滨工业大学出版社,2002.
[3] 全国高等学校外语专业教学指导委员会俄语教学指导分委员会. 高等学校俄语专业教学大纲[M]. 2版. 北京:外语教学与研究出版社,2012.
[4] 王利众,张廷选. 俄罗斯概况精讲精练[M]. 上海:上海外语教育出版社,2019.
[5] 吴克礼. 俄罗斯社会与文化:学生用书[M]. 上海:上海外语教育出版社,2009.
[6] АБРАМОВА Ю А. Новейшая история России (1991—2006 гг.) [M]. М.: МГИУ, 2007.
[7] АКИМОВА Н Н. Русская литература и культура XIX века (для бакалавров) [M]. М.: КноРус, 2019.
[8] АЛЕКСЕЕВА Л Ф. Русская литература XX — начала XXI века[M]. М.: Академия, 2009.
[9] БЕНУА А Н. История русской живописи в XIX веке[M]. М.: Республика, 1999.
[10] ВАСИЛЬЕВ В Е. Современная русская литература (1990-е гг. — начало XXI в.) [M]. М.: Академия, 2005.
[11] ВЕРЕЩАГИНА А Г. Историческая картина в русском искусстве: Шестидесятые годы XIX века[M]. М.: Искусство, 1990.
[12] ГЛАДКИЙ Ю Н. Экономическая и социальная география России[M]. М.: Академия, 2018.
[13] КАЛУЦКОВ В Н. География России: Учебник и практикум для прикладного бакалавриата[M]. М.: Юрайт, 2019.
[14] ОСТРОВСКИЙ Г С. Рассказ о русской живописи[M]. М.: Изобразительное искусство, 1989.
[15] ПОЛЯК Г Б. История России[M]. М.: Юнити, 2012.
[16] РАПАЦКАЯ Л А. История русской музыки от Древней Руси до «Серебряного века»[M]. М.: Владос, 2013.
[17] СОЛОВЬЕВ В М. История России в фактах, датах, иллюстрациях: Учеб-

ное пособие для изучающих русский язык как иностранный[M]. М.: Русский язык. Курсы, 2021.

[18] СЫСОЕВА Е В. История русской музыки[M]. М.: ГИТИС, 2013.